Hermann Ilg   H.P. Schaffer

Die Bauten der Außerirdischen in Ägypten

Hermann Ilg   H.P. Schaffer

Die Bauten der Außerirdischen in Ägypten

BERGKRISTALL

Ungekürzte Ausgabe
Bergkristall Verlag GmbH, 32108 Bad Salzuflen
Schülerstraße 2-4
Tel.: 05222/923451
Fax: 05222/923452
e-mail: info@Bergkristall-Verlag.de
www.Bergkristall-Verlag.de
4. erweiterte Auflage, März 2003
Umschlag und Satz: Bergkristall Verlag GmbH
Textgestaltung und Layout: „www.Schreibliesel.de", Bad Salzuflen
Druck und Bindung: Druckerei Dröge Schötmar GmbH, Bad Salzuflen
Printed in Germany
ISBN:3-935422-59-8

Frieden wird die Welt umfangen

aus der hohen Christuskraft –

Liebe werdet Ihr empfangen

aus der Sternenbruderschaft

aus „Strömende Stille" von Hermann Ilg

Inhaltsverzeichnis

Vorwort zur vierten, ergänzten Auflage

Liebe Leserinnen und Leser,

standen Sie schon einmal vor den drei Pyramiden in Gizeh?

Wenn ja, dann werden Sie mit uns einer Meinung sein: Diese Bauten können nicht irdischen Ursprungs sein.
Wir drei vom Bergkristall Verlag hatten uns vor einigen Jahren davon überzeugen können, als uns das göttliche Geschick zum letzten antiken Weltwunder geführt hatte (spannende Erfahrungsberichte stehen am Ende des Buches).
Als uns schließlich kurze Zeit nach diesem Aufenthalt ein Anruf erreichte, ob wir die Bücher von Hermann Ilg mit in unser Verlagsprogramm nehmen wollten, bildeten viele verschiedene kleine Puzzle-Teilchen auf einmal ein Gesamtbild, und der Auftrag von geistiger Seite an unseren Verlag wurde klar:
„Helft mit, das Wissen um die Santiner allen Interessierten zugänglich zu machen".
Kein leichter Weg, aber ein erfüllender.

Immer mehr Wissenschaftler kommen mittlerweile zu der Auffassung, dass die Pyramiden – betrachtet man die Erosionsschäden an den Granitblöcken - mindestens 10.000 Jahre alt sein müssten. Aber: Zu dieser Zeit gab es aus Sicht der Ägyptologen, Historiker und Archäologen keine Hochkultur in Ägypten. Die damaligen Menschen waren Nomaden, Sammler und Jäger. Wer baute dann aber diese grandiosen Bauwerke?

Die in den Pyramiden anschaulich dargestellte Logik und Weisheit ihrer Erbauer lässt keinen anderen Schluss zu, als dass sie und ihr Wissen nicht von dieser Erde sind, sondern von einem viel weiter entwickelten Planeten.

Wenn wir unser Herz aus der selbstgezogenen Begrenzung erheben und unsere irdische Sicht auf eine globalere, kosmische Betrachtungsweise ausweiten, dann gelangen wir ganz natürlich zu einer großartigen Deutung unserer Vergangenheit. Dann beginnen wir zu verstehen, wo die Wurzeln aller irdischen, aus dem Nichts entstandenen und genauso schnell wieder verschwundenen Hochkulturen wirklich liegen.

Die wissenschaftliche Voreingenommenheit zu überwinden und ein bisschen Licht ins Dunkel unserer unbekannten Vergangenheit zu bringen, ist Ziel und Zweck dieses Buches.

Deshalb freuen wir uns ganz besonders, nach mehreren Jahren des Vergriffenseins, Ihnen dieses bahnbrechende Werk wieder präsentieren zu dürfen.

Die Zeit ist reifer denn je für dieses enorme und doch so einfache, außerirdische Wissen.

Wir wünschen Ihnen viel Freude beim Lesen.

Gott zum Gruß und Friede über alle Grenzen

Die Herausgeber

Intuitiv – Archäologie

Sie haben den herausfordernden Titel dieses Buches gelesen: „Die Bauten der Außerirdischen in Ägypten" und werden sich mit Recht die Frage stellen: „Sind das nun neue Hypothesen oder gibt es dafür Beweise?"

Um zum Kern der Wahrheit und der wirklichen Tatsachen vorzustoßen, wurde der Weg der Mentaltelepathie beschritten. Dies bedeutet das intuitive Erfassen von Zusammenhängen, die einem Verstandesdenken allein nicht zugänglich sind und deren Aussender in der Geistigen Welt oder bei Menschheiten anderer Planeten zu finden sind.

Diese Erkenntnisquelle kann über die Medialität eines zuverlässigen Mediums erschlossen werden. Wenn eine solche Verbindung besteht und vor negativen Einflüssen geschützt ist, kann ein Gespräch in beiden Richtungen erfolgen. Dann schöpfen wir unmittelbar aus der Wissensquelle und können den oft irrigen Weg von Hypothesen und falschen geschichtlichen Angaben umgehen. Aber die dazu fähigen Personen sind ausgesucht und unterliegen einer dauernden Schulung.

Die Möglichkeit, über ein Medium mit der Geistigen Welt und mit Menschen von anderen Sternen Verbindung aufzunehmen, ist zwar noch mit dem Signum der Unwissenschaftlichkeit belastet, weil sich diese Art der Kommunikation nicht in das materialistisch geprägte Weltbild einfügen lässt. Aber im Zeichen des neuen Zeitalters, einer Zeit des Wertewechsels, vor dem wir jetzt stehen, wird die Wissenschaft einen Erkenntnisbereich anerkennen müssen, der jenseits einer starren und festgefahrenen Selbstbegrenzung liegt.

Die Begleittexte zu den Fotos und die Antworten auf Fragen sowie die Entschlüsselung der Symbolsprache der Wandreliefs wurden durch Mentaltelepathie empfangen. Diese medial empfangenen Texte wurden deshalb *kursiv* geschrieben.

Eine Reise nach Ägypten

Im Sommer 1981 unternahm H. P. Schaffer eine Studienreise nach Ägypten. Es war ihm von Anfang an ein Anliegen, nach Spuren zu suchen, die auf eine Arbeitsweise mit einer uns unbekannten Strahlentechnik bei der Errichtung der Kolossalbauten hinweisen würden. Die Suche unter diesem Gesichtspunkt führte zum Erfolg. Die folgende Fotoreportage, ergänzt durch erklärende, mediale Durchgaben zu den noch offenen Fragen, zeigt und gibt eindeutige Beweise für die Anwendung einer höheren Technologie, die auch nach fast 10.000 Jahren gut sichtbare Spuren hinterlassen hat. Wir sind heute noch nicht in der Lage, Gleichartiges rein technisch auszuführen. Aber diese neue Betrachtungsweise, die vorhandenen Beweisspuren und die medial empfangenen Erklärungen über die außerirdischen Erbauer, erlauben es endlich, vernünftige und schlüssige Antworten auf die Frage zu geben, mit welchen Mitteln solche gigantischen Bauten mit einer absoluten Präzision ausgeführt werden konnten. Auch in Mittel- und Südamerika befinden sich ähnliche Kolossalbauten, die genau die gleichen Arbeitsspuren einer außerirdischen Technik aufweisen. Dadurch ist eine interessante Gegenüberstellung möglich, denn die vorhandenen Tatsachen in Stein sind identisch mit den gefundenen Spuren in Ägypten. Diese unwiderlegbaren Tatsachen sollten dazu beitragen, die Menschheitsgeschichte mit anderen Augen zu sehen, als es die bisherige Grundlagenforschung zuließ. Dies erfordert auch eine neue Betrachtungsweise des Menschen überhaupt und die Erkenntnis, dass das Universum eine Gesamtschule des Lebens darstellt, eingeteilt in die unterschiedlichsten Klassen, aber vom gleichen Ziel erfüllt: Das schlummernde Gottesbewusstsein zur Reife gelangen zu lassen, d. h. das Eine in Allem zu erkennen.

Abbildung 1: Eine der drei Pyramiden in Gizeh

Die Rätsel der Großen Pyramiden

Das Riesenbauwerk der Pyramide hat viele Ägyptologen und Archäologen in ihren Bann gezogen. Wiederholt wurden Theorien über die Erbauer und ihre technischen Fertigkeiten sowie über Sinn und Zweck dieser Bauwerke entwickelt - keine konnte eine befriedigende Lösung dieser Rätsel erbringen. Aber schon allein die erstaunliche Genauigkeit, mit der diese Bauwerke und ihre Innengestaltung ausgeführt wurden, gibt Anlass zu der Behauptung, dass sich hinter dieser unvergleichlichen Bauleistung das Zeugnis einer überragenden Intelligenz verbirgt. Die übliche Annahme, ein Pharao habe unter Einsatz von Tausenden seiner Untertanen und mit den damals gebräuchlichen Transport- und Bearbeitungsmitteln eine solche Bauleistung vollbracht, kann bei unvoreingenommener Betrachtungsweise nicht den Tatsachen entsprechen. So trägt die Cheopspyramide ihren Namen zu unrecht, denn dieser Pharao war nicht ihr Erbauer. Ein Verdienst hat er sich aber trotzdem erworben, denn er hat diese Pyramide zur Kultstätte erhoben und sie unter seinen persönlichen Schutz gestellt. Dadurch hat er das Bauwerk vor mutwilligen Beschädigungen bewahrt. Er selbst suchte oft die sogenannte Königskammer auf, um sich von der besonderen Strahlung, die dort herrschte, durchdringen zu lassen, um mit den damals verehrten Göttern möglichst in unmittelbare Berührung zu kommen. Auch die Priester nutzten die Eigenartigkeit dieses Raumes zur Einweihung der Anwärter für ein Priesteramt. Das Ritual bestand in einer Anrufung der Götter und in einer Übertragung ihres Segens auf den Priesterschüler, der in Dankgebeten mit den Göttern in Verbindung trat, bis er in einen tranceähnlichen Zustand geriet, wobei er die Worte und Belehrungen der angerufenen Götter übermittelte und auch die Fragen der Priester beantwortete. Die Belehrungen bestanden meist in Ratschlägen für bestimmte Lebensprobleme und zur Vorbereitung für das künftige Leben jenseits der Schwelle des Todes. Es ist daraus zu ersehen, dass die alten Ägypter über ein Wissen verfügten, das beide Lebensbereiche in ihrer schicksalsgestaltenden Bedeutung umfasste. Einige Pharaonen setzten sich allerdings über diese Lebensgesetze hinweg, wenn ihnen eine Ausweitung ihres Herrschaftsbereiches geboten erschien, denn sie waren davon überzeugt, dass sie aufgrund ihrer „Götternähe" ein Sonderstatut in Anspruch nehmen konnten, und zwar sowohl im irdischen als auch im nachtodlichen Lebensbereich. Dem letzteren entsprachen die mit kostbaren Gegenständen und Herrscherutensilien ausgestatteten Grabmale der Pharaonen.

Wer hat diese Bauwerke errichtet?
Mit welcher Technik wurde diese erstaunliche Präzision erreicht?
Wie erfolgte der Transport der tonnenschweren Quaderblöcke über so große Entfernungen hinweg?

Die nachstehende Antwort wurde auf dem bereits erwähnten Weg der Mentaltelepathie empfangen.

Abbildung 2: Die Cheops-Pyramide

Kein Rätsel der Erde hat die Menschen seit Jahrhunderten mehr beschäftigt als die Pyramiden in Ägypten, in Mexiko und im südamerikanischen Urwald. Besteht ein Zusammenhang zwischen diesen Zeichen einer unnachahmlichen Baukunst?
Diese Frage kann mit ja beantwortet werden. Die heutigen Baudenkmäler sind in allen drei Fällen außerirdischen Ursprungs.

16

Die Erbauer wollten damit allerdings nicht unvergänglichen Ruhm erwerben, viel mehr dienten die Pyramiden vorzugsweise zur Versorgung der Raumschiffe der außerirdischen Besucher mit kosmischer Energie, die als Ausgangsprodukt für jede Raumflugtechnik über Lichtjahrdistanzen benötigt wird. Ein weiterer Zweck des Pyramidenbaus in Mittel- und Südamerika diente der Versorgung der dort ansässigen Volksstämme mit Gebrauchsenergie. Diese Stämme zählten nämlich zu einer großen Gruppe von Planetenbewohnern, die infolge ihrer Unwilligkeit, mit dem geistigen Fortschritt ihres Volkes Schritt zu halten, auf die Erde übersiedelt wurden. Zu dieser Übersiedelungsaktion hat sich eine Gemeinschaft fortgeschrittener Planeten in galaktischer Nachbarschaft zur Erde entschlossen, damit eine Verzögerung eines bevorstehenden großen Evolutionsschrittes durch die geistige Trägheit einer Minderheit vermieden werde. Dieser Zeitpunkt liegt etwa 10 000 Jahre zurück. Um nun den übergesiedelten planetaren Geschwistern die Annehmlichkeiten ihres bisherigen Lebensstandards zu erhalten, wurde ihr neues Zuhause mit Licht und Wärme versorgt als Grundvoraussetzung für eine äußere Unabhängigkeit, so dass sie sich ganz ihrem Nachholbedarf auf der inneren Ebene widmen konnten. Dass diese Rechnung nicht aufging, dafür zeugen die noch heute vorhandenen Restgruppen einstmals blühender Kulturvölker wie die Maya und Inkas. Doch zeugen auch die baulichen Hinterlassenschaften von der Größe ihrer Ahnen. Zur verblüffenden Technik des Pyramidenbaus ist zu sagen, dass die außerirdischen Baumeister über eine Art Schmelzsäge verfügten, die mit einem modernen Laserschneidverfahren verglichen werden kann, allerdings mit dem Unterschied, dass es sich bei der außerirdischen Methode nicht um konzentriertes Licht, sondern um eine konzentrierte kosmische Energieart handelte. Mit Hilfe dieses Verfahrens war es möglich, Materie in ihren energetischen Zustand zu versetzen, d.h. den Atomverbund so zu lockern, dass eine Umwandlung des bestrahlten materiellen Gegenstandes in den freien Energiezustand eintrat. Die Ausdehnung des Energiestrahls konnte bis fast auf null *vermindert werden, so dass kantengenaue Schnittformen erzielt werden konnten.*

Der Transport der geschnittenen Steinquader bot keine Schwierigkeiten, da mit Hilfe der gleichen Energie Eigenkraftfelder geschaffen werden konnten, die bei entsprechender Stärke das planetare Schwerkraftfeld neutralisierten, was eine Gewichtslosigkeit des zu transportierenden Gegenstandes zur Folge hatte. Dieser technische Vorgang wurde automatisch durch ein Antigravitationsgerät ausgelöst, das über dem Transportgut schwebte und das entsprechende Energiefeld erzeugte. Dazu wurden Schwebetransporter verwendet, die für diese Zwecke konstruiert waren. Da diese außerirdischen Helfer große technische Kenntnisse und ein Wissen besaßen, das man mit kosmischer Schicksalserkenntnis umschreiben könnte, so dürfen wir uns nicht wundern, wenn sie dieses Wissen als Vorausschau in der Innengestaltung der größten Pyramide niedergelegt haben, um es den Menschheitsgenerationen bis zur Jetztzeit zu überliefern. Darüber wurden schon Bücher geschrieben von Pyramidenforschern, die mit Hilfe eines intuitiven Erfassens der Wahrheit sehr nahe gekommen sind.

Trifft die Meinung zu, wonach sich in etwa 70 m Tiefe unter der Cheopspyramide ein Schwerkraft-Generator befindet, der dem Zweck dienen soll, eine „axiale Abweichung" von Nord- und Südpol auszugleichen?

Ja, es trifft zu, dass die außerirdischen Helfer beim Bau der Großen Pyramide in etwa 70 m Tiefe unter der Pyramidenbasis in senkrechter Linie zur Pyramidenspitze einen Schwerkraft-Generator installierten, um dadurch die Erdachse, also die Verbindungslinie zwischen den beiden geographischen Polen in einer möglichst konstanten Lage zu halten. Durch den Untergang von Atlantis, einstige Großinsel zwischen der Iberischen Halbinsel und Nordamerika, trat eine Störung im Gleichgewichtsgefüge der Kontinente ein, was eine allmählich zunehmende Schlingerbewegung der Erdachse zur Folge hatte. Diese Unregelmäßigkeit in der Erdumdrehung wurde von euren Sternennachbarn vom nächstgelegenen Sonnensystem Alpha Centauri beobachtet. Um eine planetare Katastrophe durch ein völliges Kippen der Erdachse zu verhindern, haben sie sich zu einer außergewöhnlichen Hilfeleistung entschlossen. Da sie bereits eine Raumfahrttechnik beherrschten, kamen sie auf die Idee, durch die Errichtung einer großen Pyramide mit Schwerkraft-Generator an der Stelle des neu entstandenen Schwerpunktes der Kontinente die Stabilität der Erdrotation wieder herzustellen. Dies wurde dadurch erreicht, dass der Generator kosmische Energie, die durch die besondere Konstruktionsform der Pyramide in ihrem Schwerpunkt empfangen und gespeichert werden konnte, in Gravitationsenergie umwandelte. Dadurch ergab sich die Möglichkeit, das Gleichgewicht der Kontinente zu stabilisieren und gegebenenfalls einer Schwankungstendenz der Erdachse entgegenzuwirken. Daraus erklärt sich auch die Wahl des Standortes der Großen Pyramide, der sich im Schwerpunkt der Kontinente befindet. Diese Stelle wirkt demnach wie ein Balancepunkt im Gleichgewichtsgefüge der Kontinentalmassen.

Hier folgt nun ein Bericht aus den Annalen der außerirdischen Betreuer:
Die Stämme jener Zeit, Generationen nach der Übersiedlung planetarer Volksgruppen, fürchteten sich vor diesen Flugmaschinen und glaubten, die Schiffe an ihrem Himmel seien Flugapparate der Götter, die auf die Erde kamen. Wir ließen sie in diesem Glauben und konnten dadurch größeren Einfluss auf sie ausüben. So entschlossen wir uns zu Hilfeleistungen mannigfacher Art. Da es vorerst am primitivsten Wissen über das Leben allgemein und das Ziel der menschlichen Entwicklung im besonderen mangelte, lag es nahe, dass wir uns des Problems einer geistigen Schulung und der Belehrung über die richtige Verhaltensweise unter den Mitmenschen und zu sich selbst annahmen. Unsere Bemühungen hatten eine erstaunliche Wirkung, denn schon nach den ersten Lektionen zeigte sich eine Aufnahmebereitschaft in Fragen des Lebensfortschrittes, wie wir es eigentlich nicht erwartet hatten.

Das führte sogar dazu, dass wir einige der Begabtesten in unseren Raumschiffen mitnahmen, um sie einen Blick ins All werfen zu lassen und sie mit dem universellen Leben vertraut zu machen. Wir verbanden damit den Zweck, sie als Lehrer auszubilden und uns bei dieser Aufgabe zur Seite zu stehen. Wir errichteten Sakralbauten, die ihr Tempel nennt, und schmückten sie aus mit beziehungsvollen Wandreliefs, das heißt wir wollten mit den plastischen Bildern das zum Ausdruck bringen, was ihnen verbal gelehrt wurde, also etwa die Verhaltensregeln, um aus dem Gebundensein an die irdische Körperwelt herauszutreten und der geistigen Freiheit den ersten Rang einzuräumen. Viele unserer gelehrigen Schüler konnten auf diese Weise bereits einen solchen Fortschritt erreichen, dass wir sie in unseren Lebenskreis aufnahmen und ihnen die Möglichkeit gaben, ganz zu uns zu kommen. Sie waren so erfüllt von dem Wissen, das wir ihnen darboten, dass es ihnen schwer gefallen wäre, wieder zurückzukehren auf die Stufe ihres Stammes, dem sie aber nach wie vor treu dienten. Wir klärten sie auch darüber auf, dass sie in Wirklichkeit zu den ausgesiedelten Rassen anderer Wohnplaneten gehörten und auf diesen Asylstern gebracht wurden, damit sie durch eigene Anstrengung und selbstgeschulte Willenskraft den Anschluss an das Leben ihres Heimatplaneten wieder erreichen konnten. Denn die dortigen Lebensverhältnisse waren so ideal, dass sich niemand um das sogenannte tägliche Brot zu sorgen brauchte. Alles war in Hülle und Fülle da und jedermann konnte sich ausschließlich seiner geistigen Höherentwicklung widmen, bis schließlich auch der Planet selbst als Lebensträger in einen höheren Schwingungszustand versetzt werden sollte, um dadurch die kontinuierliche Weiterentwicklung des Lebens in den feinstofflichen Bereich zu ermöglichen. Das sind kosmische Gesetze, denen das ganze Universum unterworfen ist mit dem alleinigen Ziel, die in die materiellen Lebensbereiche abgesunkenen Schöpfungsgeistwesen wieder aus ihrer Isolation zu befreien und zurückzuführen in ihren wahren Seinszustand, den wir mit den Begriffen Unermesslichkeit, Freiheit und Lebensfreude nur unzureichend definieren können.

Schon jetzt genießen wir mit unseren technischen Hilfsmitteln des Raumfluges einen Abglanz von derjenigen Freiheit, die uns und Euch alle einmal erwartet, wenn wir das Kleid der Materie endgültig abgestreift haben und wir eins werden dürfen mit dem Wesen der Gottheit.

Nachdem die außerirdischen Baumeister und Entwicklungshelfer, die als „Götter" verehrt wurden, ihr Ziel erreicht sahen, beschlossen sie die Rückkehr auf ihren Heimatplaneten. Sie waren sich jedoch bewusst, dass der geistige Fortschritt ihrer Schützlinge nicht lange anhalten, ja sogar der früheren geistigen Trägheit weichen würde, was dann ihre sich über Jahrtausende erstreckende Betreuungsarbeit wieder zunichte machen würde. Um diesen Rückfall zu vermeiden und den Erfolg zu festigen, ja möglichst über die ganze damalige Menschheit auszudehnen, wurde eine neue Helfergemeinschaft gebildet, die vor rund 4500 Jahren diese Betreuungsarbeit fortsetzte. Diese Gemeinschaft bestand aus den Vorfahren der heute unter dem Namen „Santiner" bekannten Sternennachbarn von Alpha Centauri, einem Sonnensystem, das in einer Entfernung von 4,3 Lichtjahren[*] unser nächster kosmischer Nachbar ist. Der Schwerkraft-Generator in der Cheopspyramide wurde von den einstigen „Göttern" vor dem Verlassen ihrer Wirkungsstätte zusammen mit allen Empfangs- und Speichereinrichtungen für ihren Energiebedarf aus der Pyramide entfernt, da die Nachfolger aufgrund ihrer unabhängigen Mutterschiffe diese technischen Einrichtungen nicht mehr benötigten und ein Schwanken der Erdachse nicht mehr zu befürchten war. Der einstige Standort des Generators ist noch als leerer Erdraum in der ursprünglichen Tiefe unter der Pyramide vorhanden und durch einen sehr niedrigen, schräg nach unten führenden Gang mit Mühe zugänglich.

---

[*] Ein Lichtjahr entspricht 9,46 Billionen Kilometer

Beschreibung der ägyptischen Bauten

Die Ergebnisse dieser Forschungsarbeit kann man als sensationell bezeichnen, da es zum ersten Mal gelang, eine vollständig befriedigende und dem heutigen Wissen zugängliche Erklärung der Symbolik und Arbeitstechnik, die aus Tempeln und Pyramiden spricht, abzugeben. Dies ist um so bedeutungsvoller, als sich in der heutigen Zeit die Erkenntnis langsam durchzusetzen beginnt, dass die Geschichte der Menschheit sich nicht auf irdische Daseinsformen beschränkt und etwa mit Adam und Eva beginnt, sondern in eine Vergangenheit reicht, deren Wurzel weit außerhalb unserer gewohnten Abstammungslehre zu finden ist, nämlich in Bezirken, die wir bisher infolge unserer geistigen Selbstbeschränkung geflissentlich ausgeklammert haben. Damit soll jedoch nicht gesagt werden, dass sämtliche Menschenrassen dieses Planeten außerirdischen Ursprungs seien, vielmehr gilt dies nur für solche Volksgruppen, die auch heute noch eine gewisse Art von Fremdartigkeit spüren lassen und deren Kultur und Zivilisation auffallende Merkmale der Erinnerung an ihre außerirdische Abstammung zeigen.

Nun erhebt sich die Frage, welche Rassen dann zur angestammten Menschheit der Erde gerechnet werden können. Es sind die weißen Rassen, die sich durch die Erdbildungsperioden entwickelt haben, von dem sogenannten Urmenschen, der uns in verschiedenen Arten in der Altsteinzeit begegnet, bis zum heutigen, in seinem Verhalten fragwürdig gewordenen „homo sapiens". Es gibt darüber hinaus weitere Urrassen, die von der Wissenschaft noch nicht entdeckt wurden und wohl auch nicht mehr gefunden werden können, da die erdgeschichtlichen Neubildungsprozesse längst ihre Spuren ausgelöscht haben.

Wie kamen aber nun diese Urrassen zustande? Dazu kann uns allerdings die Genesis der Bibel keinen Aufschluss geben. Die Offenbarungsschriften gehen eben davon aus, dass ein erstes Menschenpaar von Gott geschaffen worden sei und daraus sich die gesamte Menschheit entwickelt habe, und dies in einem relativ kurzen Zeitraum. Diese Darstellung entbehrt der vernünftigen Grundlage. Sie kann nur so verstanden werden, dass die Erschaffung des Menschen ein geistiger Schöpfungsakt war, mit dem erhabenen Ziel, die Unendlichkeit Gottes, der das grenzenlose Universum mit Leben erfüllt, zu erkennen. So ist auch unser Wesenskern göttlicher Natur. Insofern kann auch der biblische Hinweis auf das Ebenbild Gottes einem neuen Verständnis zugeführt werden. Eine solche Erkenntnis liegt auch der kosmischen Nachbarschaftshilfe zugrunde, wie sie in den Betreuungsmissionen der Santiner und ihrer Vorfahren zum Ausdruck kommt.

Dies zu begreifen fällt dem heutigen Menschen schwer, da er im allgemeinen nicht gewillt ist, von seinem irdisch begrenzten Weltbild abzuweichen und sich ein höheres Bewusstsein anzueignen, das ihn selbst als ein schöpferisches Wesen mit einer hohen Verantwortung und einer bisher unbekannten Wirkungstiefe erfahren ließe. Es liegt also allein bei uns, die in uns wirkende göttliche Kraft der Universalliebe zu offenbaren, so wie sie uns durch Jesus Christus vermittelt wurde. Er sagte nicht: Ihr seid arme Sünder und werdet es auch stets bleiben. Seine kraftvolle Weisung lautet noch immer: Ihr seid Götter, und es liegt an euch, diese Wahrheit zu verwirklichen. Folget mir nach, Ich habe euch den Weg dazu bereitet. Diese Nachfolgeschaft kommt uns nun auf anderen Wegen entgegen als eine Bestätigung der Universalität der Lehre Jesu Christi. Die Lebens- und Reifestufe, die wir durch das Einwirken unserer außerirdischen Geschwister seit Jahrtausenden wissentlich oder unbewusst erfahren dürfen, sollte uns eigentlich Anlass genug sein, unser ganzes Denken und Handeln umzustellen auf diejenigen Kräfte, die allein maßgebend sind für unsere Höherentwicklung.

Und an diesem Punkt schließt sich der Kreis mit den Zeugnissen einer irdischen Vergangenheit, wie sie uns in den altägyptischen Baudenkmalen überliefert werden.

Der Obelisk von Assuan

Abbildung 3: Der Obelisk von Assuan

Abbildung 4: Der unvollendete Obelisk von Assuan

Zu den Abbildungen 3 und 4:

Diese Bilder zeigen den Riesenmonolithen, den Obelisken von Assuan. Seine Abmessungen betragen 45 x 4,5 x 2,5 Meter. Sein Gewicht beträgt 1650 Tonnen.

Dieser aus dem gewachsenen Fels herausgearbeitete Monolith ist an der Grundfläche noch nicht abgeschnitten. Es scheint, als seien die Arbeiten an diesem gewaltigen Block aus rotem Granit ganz plötzlich eingestellt worden. Es kann angenommen werden, dass die unbekannten Steinmetze eine Methode kannten, die es ermöglichte, auch derartige Riesenblöcke zu bewegen und sie an den Ort zu bringen, für den sie bestimmt waren. In diesem einstmaligen Steinbruch zeigen sich Arbeitsspuren einer unbekannten Technik, die hier dargestellt sind.

Warum blieb das Werk unvollendet?

Die Arbeiten an dem Obelisk wurden unterbrochen, als sich abzeichnete, dass die außerirdische Betreuung zu Ende ging. Er wurde deshalb nicht mehr fertiggestellt.

Welche Bedeutung hatte der Obelisk?

Mit dem Obelisken sollte ein Denkmal hinterlassen werden mit der gleichen Bedeutung wie die Kolossalstatuen auf der Osterinsel im südlichen Pazifischen Ozean, also eine Erinnerung an die „Götterbesuche" und deren Hilfen zur Höherentwicklung.

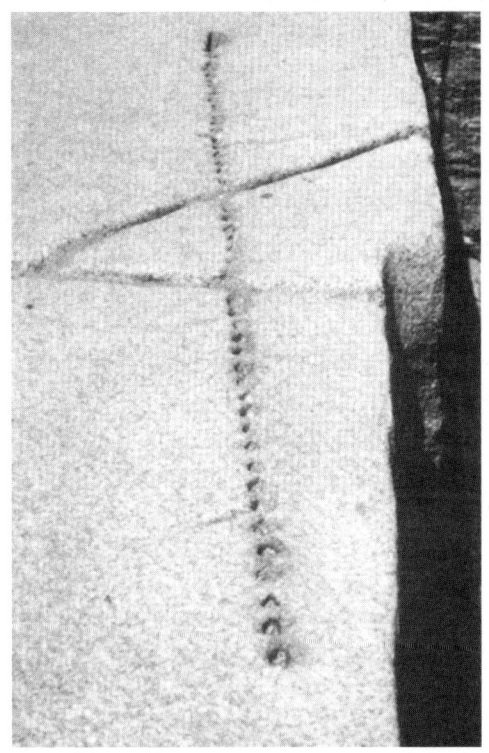

Abbildung 5: Die Oberfläche des Obelisken

Zu Abbildung 5:
Auf der Oberfläche des Obelisken findet man diese geradegeführten, wie von einem Schneidbrenner hinterlassenen Schweißpunkte. Stellen diese eine technische Markierung dar?
Die Spuren, die auf einem Teil des Obelisken als „Schweißpunkte" gedeutet werden, stellen Markierungen dar, die ein genaues Zusammenfügen der Granitblöcke erleichtern sollten. Sie wurden mit dem gleichen Gerät erzeugt, mit dem auch die gesamte „Sägearbeit" ausgeführt wurde, also mit einem konzentrierten Energiestrahl.

Bestand der Obelisk aus einem einzigen Riesenmonolith, der aus dem gewachsenen Fels herausgearbeitet wurde oder aus mehreren Quadern, die zusammengesetzt werden sollten?

Der Widerspruch ist darauf zurückzuführen, dass nur das Mittelstück des Obelisken wirklich aus einem Stück besteht, während Unterteil und Spitzenteil aus besonders geformten Quadern hergestellt werden sollten. Die Bezeichnung Monolith gilt also nicht für den gesamten Obelisken. Die Arbeiten mussten aus den bereits erwähnten Gründen abgebrochen werden, so dass das Denkmal, als was der Obelisk gedacht war, nicht mehr vollendet werden konnte. Dies ist umso mehr zu bedauern als die vorgesehene Ausschmückung des Obelisk ganz eindeutig auf ein Werk der „Götter" hingewiesen hätte. Denn es war daran gedacht, den Abstammungsnachweis der Baumeister einer Nachwelt zu hinterlassen, die ausreichende astronomische Kenntnisse besitzen würde, um die in Relieff orm dargestellte Flugroute zwischen zwei Sonnensystemen klar entziffern zu können, so wie auch eure irdische Raumssonde „Pionier 10" mit entsprechenden Angaben versehen wurde, die allerdings ohne jede Informationsbedeutung für die Adressaten sind.

Außer der Flugroute sollte auch das technische Hilfsmittel dargestellt werden, das zur Überwindung solcher Entfernungen benötigt wird. Dies sollte in Form einer Konstruktionszeichnung geschehen, die jedoch nur für denjenigen entzifferbar gewesen wäre, der von einer materialistischen Welterklärung Abstand genommen und den Kosmos als ein geistiges Energiegebilde begriffen hätte. Wäre ein heutiger Raumfahrtspezialist wohl in der Lage gewesen, eine solche „Götterbotschaft" in seine technische Sprache zu übersetzen und daraus Nutzen zu ziehen? Da diese Frage rein theoretischen Charakter hat, braucht man sich über deren Beantwortung auch nicht den Kopf zu zerbrechen, vor allem auch deshalb nicht, weil sie ohnehin in Bälde auf eine ganz andere Weise beantwortet wird.

Abbildung 6: Ein Loch neben dem rechten Schacht des Obelisken

Abbildung 7: Ein Loch neben dem Granitblock des Obelisken

Zu den Abbildungen 6 und 7:

Bild 6 zeigt ein Loch mit 35-40 cm im Durchmesser, das neben dem rechten Schacht des Obelisken liegt und einige interessante Aspekte für den Beweis einer Supertechnik zeigt. Die runde Innenwand ist ganz glatt, wie feingeschliffen. Das Loch reicht ungefähr einen Meter in den Fels. In dieser Tiefe winkelt es sich um 90 Grad ab, wie ein gebogenes Rohr und nimmt den Weg auf den Obelisken zu. Dies deutet auf die Möglichkeit hin, dass die Richtung des Energiestrahls verändert werden konnte.

Abbildung 7 zeigt ein weiteres absolut rundes Loch mit glatter Innenwandung neben dem Granitblock des Obelisken. Das Loch zeigt in einer Tiefe von etwa 1,20 m einen rechtwinkligen Abzweig!

War es möglich, den Energiestrahl richtungsändernd zu steuern?

Ja, dies war möglich und geschah dadurch, dass der Energiestrahl vorprogrammiert wurde, wie man heute dazu sagen würde, obwohl mit dem Begriff allein die Technik der gelenkten Energie nicht zu erklären ist. Man könnte hinzufügen, dass der Energiestrahl in einer Art Schablone seinen Weg vorgezeichnet bekommt, den er nach der Vorgabe des bedienenden Menschen einhält. Man geht nicht fehl, wenn man in diesem Falle von intelligentem Verhalten der Energiequanten spricht, denn auch sie zählen ja zu den Grundbausteinen des Lebens.

Abbildung 8: Einstiche des Energiestrahls

Zu Abbildung 8:
Deutlich sichtbare Arbeitsweise durch die von oben geführten Einstiche des Energiestrahls mit runden Auftreffpunkten an der Basis.
Diese roh bearbeiteten Flächen wurden stets so angelegt, dass keine innere Spannung im Gefüge des Naturprodukts entstehen konnte. Nur mit dieser ,sanften' Arbeitsweise war es überhaupt möglich, solche steinerne Bauwerke zu errichten, die Jahrtausende überdauern konnten. Steinprodukte, die ohne Berücksichtigung dieser Arbeitsregel hergestellt werden, zersplittern im Laufe der Zeit durch den natürlichen Ausgleich des molekularen Spannungszustandes.

Abbildung 9: Loch und muldenartige Vertiefung

Zu Abbildung 9:

Diese Abbildung zeigt ein weiteres Loch und die muldenartige
Vertiefung eines Einstiches unten.

Diese Löcher, die das Bild zeigt, dienten der Aufnahme von ent-
sprechend geformten Zapfen zur Verankerung und Stabilisierung
der aufeinander zu setzenden Steinquader des Obelisken.

32

Bei den Pyramiden von Gizeh

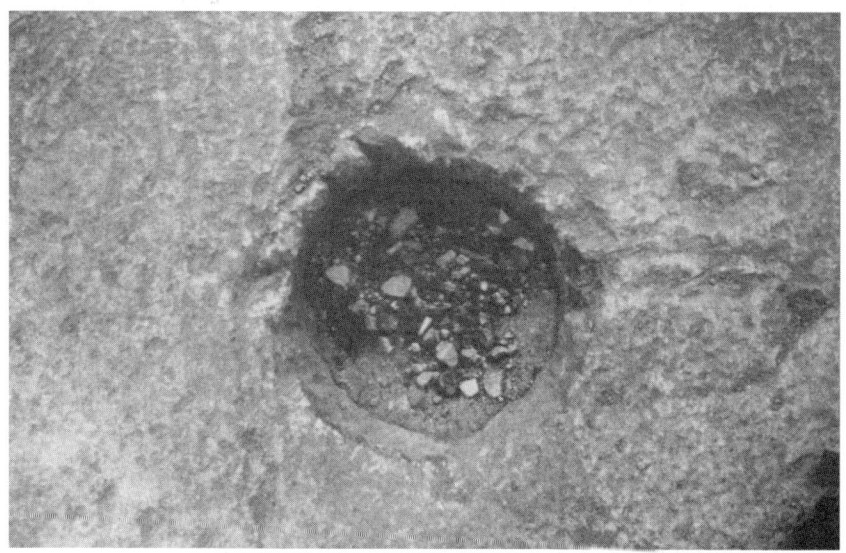

Abbildung 10: Kreisrundes Loch

Zu Abbildung 10:
Nach der Besichtigung des unvollendeten Obelisken von Assuan wurden weitere Nachforschungen bei den Pyramiden von Gizeh angestellt. Und auch hier zeigten sich die gleichen Arbeitsspuren rund um die Pyramiden und an weiteren Orten des Plateaus, wie dieses kreisrunde Loch mit einem Durchmesser von ca. 15 cm, das mit Sand und Steinen angefüllt ist. Die Tiefe der Bohrung misst ungefähr 10 bis 12 cm.
Auch diese Vertiefungen dienten dem Zweck, mittels Bolzen eine stabile Verbindung mit einem anderen, aufgesetzten Teil herzustellen.

Abbildung 11: Vorplatz neben der mittleren Pyramide

Zu Abbildung 11:
Diese Aufnahme zeigt auf dem Vorplatz neben der mittleren Pyramide zwei runde Löcher, wovon eines ausgeschaufelt wurde. Gut sichtbar ist die Basisfläche mit ihrer Unterteilung in Kolossalblöcken, deren Schnittlinien gut erkennbar sind.

Auch auf dieser Abbildung sind noch deutlich die Stellen zu sehen, auf denen einst Skulpturen ruhten, verbunden mit den Fundamentblöcken durch die vorerwähnte Methode. Diese über einen Meter starken Blöcke bildeten das Fundament der Pyramide. Die Fundamentfläche beträgt etwa 80.000 Quadratmeter.

34

Abbildung 12: verschiedene Einstiche

Zu Abbildung 12:
Auf diesem Bild sind zwei verschiedenartig geführte Einstiche
gut zu erkennen.
Die Rundmarkierungen auf diesem Bild deuten an, wo Verbin-
dungen für aufgesetzte Teile vorgesehen waren.

Abbildung 13: Serie von Einstichlöchern

Zu Abbildung 13:
Auch hier, neben den Basisblöcken einer Pyramide, sind links im
Bilde eine ganze Serie von Einstichlöchern sichtbar. Durch star-
kes Seitenlicht treten die Blockkonturen deutlich hervor.

*Dieses Bild zeigt augenscheinlich, dass, dem bogenförmigen Ver-
lauf der Verankerungslöcher entsprechend, die ebenso geformte
Grundplatte einer größeren Plastik oder Figur Aufstellung finden
sollte.*

36

Abbildung 14: Fugen der Bauquader

Abbildung 15: Bauquader

Zu den Abbildungen 14 und 15:
Die Genauigkeit des Schnittes aller Bauquader zeigt sich in den Fugen. Ein Blech von 0,3 Millimeter Dicke lässt sich nicht dazwischenschieben. Diese unwahrscheinliche Genauigkeit weisen alle Kalksteinblöcke sowie auch die roten Granitquader überall auf der Hochebene von Gizeh auf.

Diese Flächengenauigkeit konnte nur dadurch erzielt werden, dass mit dem Energiestrahl nicht nur linienförmig (eindimensional), sondern auch flächenförmig (zweidimensional) gearbeitet werden konnte. Man kann sich ein anschauliches Bild von dieser Arbeitsweise dadurch machen, dass man sich einen Lichtstrahl vorstellt, der durch einen engen Schlitz ohne jede Brechung in einen dunklen Raum fällt; in diesem theoretischen Fall würde sich eine „Lichtfläche" zeigen.

Die Cheops-Pyramide, auch die Große Pyramide genannt, besteht etwa aus 2,5 Millionen Steinquadern und ist rd. 137 Meter hoch; damit ist sie das höchste steinerne Bauwerk der Welt. Ihre Spitze bildet eine kleine Plattform, die früher ein Spezialgerät trug zum Empfang kosmischer Energien. Über die gleiche Vorrichtung konnte auch Energie ausgestrahlt werden, was einen Lichteffekt erzeugte und anfliegenden Raumschiffen eine Orientierungshilfe bot. Die Annahme, dass ihre Höhe ursprünglich 146,6 Meter betragen habe, trifft demnach nicht zu.

Abbildung 16: Die Cheops-Pyramide

Zu Abbildung 16:
Die Pyramidenseiten zeigen genau nach den vier Himmelsrichtungen; die Kantenlinien bilden einen Winkel von rund 51,5 Grad zur Basisfläche. Die Lage der Großen Pyramide wurde bei den ersten kartographischen Vermessungen von Ägypten als Nullmeridian festgelegt. In Fortführung der Vermessungsarbeiten ergab sich die überraschende Tatsache, dass sich die Entscheidung für die Lage des Nullmeridians nicht nur für Ägypten, sondern für den ganzen Erdball als richtig erwies, denn die Große Pyramide wurde auf einer Linie errichtet, welche die Kontinente der Erde in zwei gleich große Landmassen teilte. Diese Tatsache kann wohl kaum einem blinden Zufall zugeschrieben werden. Vielmehr muss sie in dieser geographischen Einmaligkeit als das Werk einer Intelligenz angesehen werden, die nicht irdischen Ursprungs ist und schon gar nicht den einstigen Ägyptern zugesprochen werden kann.

Abbildung 17: Im Inneren der Cheops-Pyramide

Zu Abbildung 17:
Blick in den langen, ansteigenden Gang zur sogenannten Königskammer.

Abbildung 18: Die große Galerie

Zu Abbildung 18:
Höhe der Galerie: ca. 8,5 m
Die Wände bestehen aus neun konsolartig geschichteten Steinlagen. Abmessungen der Steinquader: Länge ca. 1,6 m, Breite geschätzt ca. 1,0 m, Höhe ca. 0,8 m. Die Quader bestehen aus har-

tem Kalkstein. Das Gewicht eines Quaders beträgt etwa 2,8 Tonnen. Die konsolartige Schichtung der einzelnen Lagen hat statische Gründe. Es wurde dadurch eine größere Stabilität erreicht. Die Haken an den Absätzen dienten zur genauen Fixierung der Blöcke. Sie bestehen aus einer nicht rostenden Eisenlegierung.

Abbildung 19: Seitenwand der großen Galerie mit Blick zur Decke

Zu Abbildung 19:
Wanddetail der Großen Galerie mit Blick zur Decke. Man erkennt deutlich die fugengenaue Verlegung der tonnenschweren Quaderblöcke und die Winkeleisen zur Fixierung ihres konsolartigen Einbaus.

Abbildung 20: Sarkophag in der Königskammer

Zu Abbildung 20:

Dieses Bild zeigt den sogenannten „Sarkophag" in der Königskammer. Er besteht aus einem Granitblock, der zu einem Trog bearbeitet wurde. Seine einfache und schmucklose Form deutet nicht darauf hin, dass er zur Aufnahme des Körpers eines verstorbenen Pharao diente. Welches war aber der wirkliche Zweck dieses Steintroges, den die Erbauer vorgesehen hatten?

Zur Ausstattung der sogenannten Königskammer mit dem steinernen Sarkophag ist zu bemerken, dass keiner der bisherigen Erklärungsversuche zutrifft. Dieser Raum mit dem Granittrog diente ursprünglich rein technischen Zwecken. Erst nachdem die „Götter" wieder auf ihren Heimatplaneten zurückkehrten, wurde der Raum für Einweihungsrituale benützt, denen sich ein angehender Adept unterziehen musste. Die Annahme, dass die Cheopspyramide und insbesondere die sogenannte Königskammer als Grabmal eines Pharao gedient hätten, entspricht deshalb nicht den Tatsachen. In der Kammer waren vielmehr die aus künstlichen Kristallen bestehenden Akkumulatoren zur Speicherung von

43

kosmischer Energie untergebracht. Der Granittrog enthielt die Steuerungsgeräte für den Empfang, die Speicherung und für die Verteilung der Energie. Es ist verständlich, dass über diese langen Zeiträume hindurch dieser Raum und der Trogbehälter mit der dort konzentrierten Energie imprägniert wurden, so dass noch heute, also nach etwa 4500 Jahren seit dem Abbau dieser Anlagen, die harmonisierende Wirkung dieser Strahlung zu spüren ist. Der Besucher der Königskammer, der sich in den Trog legt, empfindet nach einiger Zeit ein leichtes Vibrieren in seinem Körper, da die noch bestehende, allerdings wesentlich abgeschwächte Energiestrahlung auf das Zellsystem des Körpers einwirkt mit der Tendenz zur Demateralisation. Sensitive Menschen können unter diesem Einfluss sogar einen Astralaustritt erleben oder Wahrnehmungsvermögen bis in übersinnliche Bereiche steigern. Ein weiterer Effekt sei noch erwähnt: Da diese kosmische Energieart eine magnetisierende und belebende Eigenschaft besitzt, ist die Einwirkung auf den Körper gleichzeitig mit einem Gefühl des Wohlbefindens und der Kräftigung verbunden. Es ist die gleiche Erscheinung, die jeder selbst erfahren kann, wenn er sich unter ein Pyramidendach legt, das den gleichen Maßverhältnissen der Cheopspyramide entspricht. Diese Eigenschaften der Pyramide wären der Erforschung wert, denn manche Krankheit von psychosomatischem Charakter könnte auf diese Weise geheilt werden. Wann endlich begreift die Menschheit, dass auch sie ein Teil des universellen Lebens ist und jederzeit teilhaben kann an den Segnungen, die ein liebender Schöpfer für alle bereithält?

Dass der Steintrog eine spezielle Schwingung besitzt, erlebte der Schriftsteller und Forscher Paul Brunton bei einem mutigen Experiment, das bei ihm zu einem Astralaustritt führte. Hier folgt der Bericht seines Erlebnisses:

„Nachdem er endlich die Erlaubnis der ägyptischen Behörden erhalten hat, begibt sich der englische Archäologe Dr. Paul Brunton ganz allein in die Königskammer der Großen Cheops-Pyramide, um dort eine Nacht zu verbringen. Nur eine Taschenlampe hat er bei sich. Als er die Kammer betrat, schlägt ihm nach seinen eigenen Worten „eine eigenartige Kühle entgegen". In der Mitte der Grabkammer befindet sich ein leerer Sarkophag. Wenn man dagegen schlägt, erklingt ein eigenartiger Ton, den man mit keinem Musikinstrument nachahmen kann. Dr. Brunton setzt sich mit dem Rücken gegen den Steinsarg und knipst die Taschenlampe aus. Zunächst hat der Forscher das Gefühl, als ob etwas Unheilvolles, Feindliches in der Luft läge. Er muss seinen ganzen Mut zusammennehmen, um nicht zu fliehen. Ebenso plötzlich wie das negative, furchteinflößende Etwas aufgetaucht ist, verschwindet es wieder. Brunton fühlt, wie sich freundliche, angenehme Schwingungen in der Kammer ausbreiten. Auf einmal sieht er zwei Gestalten und hat das Gefühl, dass ihn jemand fragen würde: „Warum bist du hier? Genügt dir das Leben in der Welt der Sterblichen nicht?" Der Archäologe antwortet kühn: „Nein, es genügt mir nicht!" Einer der Männer, die wie Hohepriester aussehen, warnt Brunton: Was ihm bevorstehe, könne ihn vielleicht den Verstand kosten. Doch der Engländer bleibt.

Nun wird er aufgefordert, sich in den Sarkophag zu legen, so wie es früher die Männer tun mussten, die höhere Weihen bekamen. Brunton gehorcht und spürt, wie plötzlich eine Kraft von ihm Besitz ergreift. Er schwebt schwerelos und sieht seinen physischen Körper unter sich liegen. Ein berauschendes Gefühl der Freiheit erfüllt ihn. Der zweite Priester erteilt Brunton den Auftrag, mit einer Botschaft zur Erde zurückzukehren. In diesem Tempel seien die Berichte über die früheste Geschichte der Menschen verborgen, erklärt der Priester, und er warnt: „Wenn die Menschen sich von ihrem Schöpfer lossagen und ihre Mitmenschen hassen, werden sie sich durch ihre eigene Bosheit und Schlechtigkeit selbst vernichten, genau wie es dereinst mit dem Volk von Atlantis geschehen ist." Kaum hat der Priester geendet, findet sich Brunton wieder in seinem irdischen Körper, den er nun als schwer und lästig empfindet. Als er am nächsten Morgen die Pyramide verlässt, ist er glücklich, wieder die Sonne sehen zu dürfen" (Copyright bei Ferenczy Verlag AG, Zürich, 1981).

Abbildung 21: Schiefe der Pyramidenfläche

Zu Abbildung 21:
Der Standort dieser Aufnahme liegt hinter der dritten Pyramide
und zeigt die parallele Ausrichtung mit der mittleren und großen
Pyramide. Ein weiterer Beweis einer Gesamtkonzeption der Erbauer.

Aus der gleichen Schiefe der Pyramidenflächen ist zu schließen,
dass dahinter ein bestimmtes einheitliches Prinzip steckt, denn
sonst hätten die Pyramidenbauer sicherlich ihre Phantasie in der
Gestaltung dieser Bauwerke walten lassen, so wie z.B. gute Ar-
chitekten, wenn sie eine Gruppe von Häusern möglichst varian-
tenreich gestalten.

46

Abbildung 22: gerade Linie einer Kante der Pyramide

Zu Abbildung 22:

Die noch heute fantastische, gerade Linie einer Kante der Pyramide lässt die hohe Baupräzision erkennen.

Diese Aufnahme zeigt besonders eindrucksvoll, mit welcher Genauigkeit gerade die Kantenneigung der Pyramide maßgerecht eingehalten wurde. Und in der Tat ist es so, dass es auf diesen Winkel zwischen Grundfläche und Kantenlinie exakt ankommt, wenn man sich die Gesetze der Energiebewegung des Universums zunutze machen will. Dieser optimale Winkel beträgt 51 Grad 52 Min. und gewährleistet den besten Nutzungsgrad beim Empfang einer bestimmten Energieart aus dem unendlichen Reservoir des Kosmos.

Abbildung 23: starke Erosion

Zu Abbildung 23:

An diesem Block ist die starke Erosion sehr gut erkennbar und bestätigt somit das hohe Alter aller Bauten auf der Hochebene von Gizeh.

Über das Alter der Pyramiden wurde viel gerätselt und spekuliert. Wenn die einschlägige Wissenschaft ein Alter annimmt, das zwischen 4000 und 5000 Jahren liegt, so kann dem entgegengehalten werden, dass in diesem Falle eine Verwitterung von Granit kaum festzustellen gewesen wäre. Selbst die weniger harten Kalksteine hätten noch ihre ursprüngliche Form gezeigt im Vergleich zu dem heute sichtbaren Verwitterungsprozess. Jede

Annahme, die davon ausgeht, dass man die Pyramiden in einen Zusammenhang bringen müsse mit der Regierungszeit des einen oder anderen Pharao, geht fehl. Und jede Annahme, die den alten Ägyptern die Weisheit zumisst, die in der Großen Pyramide verborgen ist, geht ebenfalls fehl. Nur eine Erkenntnisstufe, die nicht von dieser Erde stammt, konnte solche Bauwerke erschaffen und der Menschheit eine Symbolik hinterlassen, die in ihrer Aussagekraft ohne Vergleich ist.

Abbildung 24: Die unteren Randschichten der Pyramide

Zu Abbildung 24:

Diese Aufnahme zeigt die unteren Randschichten der Cheopspyramide, die aus großen Kalksteinblöcken mit einem Gewicht bis zu 13 Tonnen bestehen. Im Vordergrund sind die Granitblöcke der ursprünglichen Schutzverkleidung zu sehen.

Abbildung 25: Abdeckplatte aus rotem Granit

Zu Abbildung 25:
Zur technischen Meisterleistung des Pyramidenbaus gehörte auch teilweise eine kunstvolle Verzierung der Abdeckplatten aus rotem Granit. Das abgebildete Beispiel zeigt eingefräste Figuren, die noch deutlich erkennbar sind. Für die Arbeit benutzte der Künstler ein handtellergroßes Energiestrahlgerät, das mit unserer heutigen Lasertechnik vergleichbar ist.

Abbildung 26: Steinbruch in den Muquattambergen

Abbildung 27: Wände des Steinbruchs

Zu den Abbildungen 26 und 27:
In diesem Steinbruch wurden die Kalksteinquader zum Bau der Pyramiden gewonnen. Merkmale der Gewinnungstechnik mit Energiestrahlsägen sind noch an den senkrechten Wänden zu erkennen.

Die neun von den Außerirdischen am Westufer des Nils erstellten Pyramiden weisen unterschiedliche Formen auf, wie z.B. eine Knickpyramide. Hat diese spezielle Formgebung etwas mit der Energiegewinnung zu tun?

Die weiteren, westlich des Nils stehenden Pyramiden wurden erst nach Fertigstellung der großen Pyramiden errichtet und haben nichts mit Energiegewinnung zu tun. Sie stellen eine Art von Verspieltheit der damaligen Baumeister dar. Sie wollten von der strengen Formgebung und von der komplizierten Innengestaltung der großen Meisterleistung abweichen, in den verschiedenen Bauformen, bis hin zur asymmetrischen Knickpyramide, ihrer Vielseitigkeit freien Lauf lassen und ihre Freude zum Ausdruck bringen über das einmalige Werk, das bis zum heutigen Tag euer Erstaunen hervorruft.

Bei der Cheops-Pyramide sind die vier Außenflächen kaum merkbar konkav eingebuchtet. Hat das einen baulichen Zweck?

Die dem genauen Betrachter auffallende Besonderheit der Formgebung der Großen Pyramide hat ausschließlich ästhetische Gründe. Auf das Auge wirkt eine leicht gebogene Linie angenehmer als eine mit dem Lineal gezogene starre Begrenzung eines Bauwerkes, wenn es eine so gewaltige Ausdehnung hat wie diese Pyramide oder – um ein anderes Beispiel zu nennen – der Parthenontempel auf der Akropolis bei Athen, dessen Längsseiten einen kaum wahrnehmbaren Bogenverlauf aufweisen. Diese leicht bogenförmig geführte Baulinie erzeugt beim Betrachter den besten harmonischen Eindruck.

Die noch intakte Spitze der mittleren Pyramide zeigt sehr deutlich, wie die Außenblöcke in der Fall-Linie abgeschliffen wurden. Erfolgte diese Bearbeitung ebenfalls mit dem Energiestrahlgerät? *Diese Annahme ist richtig. Die Bausteine für die Pyramide wurden alle in der gleichen Richtung „gesägt", so dass über die Maßgenauigkeit hinaus auch noch die gleichartige Flächenbearbeitung zur absoluten Ebenflächigkeit und Einheitlichkeit beigetragen hat. Warum allein die Cheopspyramide unvollendet blieb, ist leicht zu erklären: Ihre Spitze wurde nach Beendigung der außerirdischen Betreuungsmission bewusst als Torso belassen, um anzudeuten, dass einmal die Zeit kommen wird, in der die Menschheit das Bauwerk mit eigenen technischen Mitteln vollenden kann und das Geheimnis der kosmischen Energiegewinnung wieder neu entdecken wird. Das Setzen des Krönungssteines bedeutet die Vollendung ihres Weges über viele Läuterungsstufen bis zu der Reifestufe, die es ihr erlaubt, die Nachfolge der Erbauer anzutreten. Dieser Zeitpunkt ist nahe herbeigekommen, denn die Menschheit steht vor ihrem großen Schritt in eine höhere Lebensdimension. Dadurch wird sich der Kreis schließen, der durch die Zeitalter der irdischen Gebundenheit unterbrochen wurde.*

Welchen baulichen Zweck hat die Außenverkleidung der Chephren-Pyramide an der Basis mit roten Granitblöcken?
Die untere Verkleidungsschicht der Chephren-Pyramide wurde aus Granitblöcken hergestellt, um für die weicheren Kalksteine der Pyramide als widerstandsfähiges Fundament zu dienen. Das war der Sinn dieser Bauart. Auch die Graniteinfassung der dritten Pyramide (Mykerinos) diente dem gleichen Zweck wie die Basisblöcke der Chephren-Pyramide, also den höchstbeanspruchten unteren Bereich des Bauwerks vor Verwitterungsschäden zu schützen.

Abbildung 28: Spitze der Pyramide

Zu Abbildung 28:
Bei der mittleren Pyramide (Chephren) ist die Spitze besonders interessant. Auf dieser Teleaufnahme erkennt man, dass die Außenquader in der Fall-Linie abgeschliffen wurden, und zwar mit einer erstaunlichen Genauigkeit. Dies sieht man besonders an der Kante, die sich wie ein gerader Strich präsentiert. Es ist demnach kein Verputz, wie man aus der Ferne vermuten könnte, vielmehr ein weiterer Beweis für die Arbeitstechnik mit dem Energie-Strahl.
Der plötzliche Abbruch der Verkleidung der Pyramidenspitze ist auf die günstige Entnahme von Baumaterial durch die Ägypter in späterer Zeit zurückzuführen.

Abbildung 29: Erste Seitenansicht der Granitblöcke

Abbildung 30: Zweite Ansicht der Granitblöcke

Abbildung 31: Dritte Seitenansicht der Granitblöcke

Zu den Abbildungen 29, 30, 31:
Eine dreimalige Seitenansicht der Granitblöcke von der Basis der mittleren Pyramide lassen uns den genauen Schnitt bewundern. Es ist Millimeterarbeit, auf die der Energie-Strahl eingestellt werden konnte.

Warum zeigen diese Granitblöcke keine Verwitterungsschäden?
Es handelt sich hierbei um einen besonders harten Granit, der dann Verwendung fand, wenn ein größeres Schutzbedürfnis vorlag, also z.B. bei den hoch beanspruchten Basisquadern der Pyramide. Diese Gesteinsart kam nur an einzelnen Stellen vor und stand deshalb nicht für die Ganzheit der Pyramiden zur Verfügung.

Abbildung 32: Steinbruch bei Assuan

Zu den Abbildungen 32 und 33:
Diese Bilder zeigen das gleiche technische Verfahren zur Spaltung des Gesteins und das auf zwei verschiedenen Kontinenten.
Das Bild 32 wurde im Steinbruch bei Assuan gemacht. Bild 33 wurde innerhalb der Inkastadt Machu Picchu in Peru aufgenommen.

Was bedeuten die zahnartigen Abdrücke an den Kanten der rohen Gesteinsblöcke im Steinbruch bei Assuan und die gleichen Schnittmuster, die in Machu Picchu, Peru, fotografiert wurden? Handelt es sich in beiden Fällen um die gleiche Bearbeitungstechnik?
Diese „Hinterlassenschaft" der einstigen Baumeister in Altägypten bzw. in Peru hat nichts mit einer anderen Schneidetechnik zu tun, sondern war lediglich eine Grobmarkierung, die angeben sollte, welche Gesteinsblöcke in welcher Größe aus dem Massiv

Abbildung 33: Felsen auf Machu Picchu in Peru

der Gewinnungsstelle herauszuschneiden seien. Die Feinarbeitung zum exakten Quaderformat erfolgte in einem besonderen Arbeitsgang, der sich der „Grobarbeit" anschloss. Es war im Grunde genommen der gleiche Arbeitsablauf, den Ihr bei euren Steinmetzen beobachten könnt. Auch sie arbeiten – allerdings mit anderen Werkzeugen – die vorgesehene Form aus dem Gesteinsrohling heraus. Und so, wie der Steinmetz für die einzelnen Zwischenzustände jeweils das geeignetste Werkzeug, vom breiten bis zum schmalsten Meißel, benützt, haben auch die Pyramidenbauer die entsprechenden technischen Hilfsmittel verwendet, die jedoch alle auf der Basis der kosmischen Energie arbeiten. Auf dem Bild des Rohlings, der bei der früheren Inkastadt Machu Picchu gefunden wurde, ist deutlich diese Arbeitsweise zu erkennen. Die rechte Schnittkante zeigt noch die Spuren der vorgestanzten Löcher, während die mittlere Schnittstelle den unterbrochenen Abtrennungsvorgang zeigt. Bei der Grobarbeit zur Gewinnung der Rohlinge war man darauf bedacht, dass die gewachsene Struktur des Gesteins möglichst erhalten bleibt; deshalb erscheinen die Bruchflächen in ihrem naturbelassenen Zustand. Dies wurde dadurch erreicht, dass dem Gesteinsinnern nur der Energieimpuls zur Aufhebung des atomaren Zusammenhalts eingestrahlt wurde, so dass sich das Auseinanderbrechen nach der geringsten Widerstandslinie vollzog und auf diese Weise ein spannungsfreies „Werkstück" zur Verfügung stand. Dies war für die genaue anschließende Bearbeitung der Kanten und Flächen von besonderer Wichtigkeit. Denn diese Verfahrensweise ist mit ein Grund dafür, dass die Kolossalbauwerke Jahrtausende überstanden haben, wenn man von der natürlichen Verwitterung absieht. Nachgetragen sei noch, dass die Bearbeitungsgeräte sowohl nach der gewünschten Schnittbreite (Streubreite des Energiestrahls) als auch nach der Schnitt-Tiefe und Intensität eingestellt werden konnten.

Abbildung 34: Monolith aus rotem Granit

Zu Abbildung 34:

In Edfu befindet sich einer der besterhaltensten Tempel Ägyptens. Diese Aufnahme zeigt das Kernstück des großartigen Tempels, einen Monolithen aus rotem Granit, in den eine Nische eingearbeitet wurde. Auffallend ist die wie poliert wirkende Oberfläche, welche das Licht reflektiert, gleich einem Spiegel.

Wurde dieser Block auch mit dem Energiestrahl bearbeitet? Was enthielt die Nische und was sagt die Beschriftung und Ornamentik auf seiner Vorderfläche aus?

Wie schon richtig vermutet, wurde auch dieser kunstvoll gestaltete Monolith mit dem Energiestrahl bearbeitet. Es ist dem Künstler gelungen, sowohl in der Sprache der Symbolik als auch in der Sprache der Zeichen (Ihr nennt sie Hieroglyphen) kurz und prägnant das auszudrücken, was der Inhalt der Belehrungen durch die „Götter" war und sogar noch für den heutigen Menschen die gleiche Bedeutung und Gültigkeit besitzt. Übersetzt lauten die senkrechten Schriftreihen auf beiden Seiten der Nische:

„Wenn Ihr stets darauf bedacht seid, Euch selbst als Teil des unendlichen Lebens zu sehen und Euch einfügt in den Aufwärtsstrom des Lebens, dann verliert das, was Ihr Schicksal nennt, an Bedeutung, und Ihr seid frei in Euren Entschlüssen.
Euer Leben wird von einer Kraft durchpulst, die es Euch ermöglicht, alle Hindernisse zu überwinden, die sich Euch von innen und außen entgegenstellen wollen. Seht Euch zur Freiheit geboren.

Strengt Euch deshalb an, diesem göttlichen Privileg gerecht zu werden, indem Ihr alles unterlasst, was Euch an die materielle Lebenswelt binden will.

Nehmt Euch ein Beispiel am freien Flug des Vogels, der sich ganz dem Luftelement anvertraut. So sollt auch ihr Euch ganz der göttlichen Kraft anvertrauen, die allein in der Lage ist, Euch höher zu tragen bis zur Stufe der Vollkommenheit."

Diese Belehrung bildete sozusagen die Umrahmung einer Statue, die ihren Platz in der Mitte der Nische hatte und den vollkommenen Menschen darstellte. Es war ein Bildnis ewiger Jugend mit dem Gesichtsausdruck unendlicher Liebe, der unmittelbar auf den Betrachter gerichtet war. Jeder, der diesem Bildnis gegenüberstand, wurde sofort durchdrungen von der Kraft, die diese Belehrung vermitteln wollte. Leider wurde diese Statue von einem späteren Pharao entfernt und als Schmuckstück in seinem Palast aufgestellt. Auch die Stufe ist bedeutungsvoll, auf der die Statue innerhalb der Nische stand, denn sie stellt, für die äußeren Sinne sehr einprägsam, die „Stufe des Vollkommenen" dar, mit der die Belehrung endet. Die doppelte Flügelornamentik im oberen Abschlussteil des Gesamtwerks soll ebenfalls den Belehrungsinhalt unterstreichen und einprägsam machen als Sinnbild der Freiheit. Das runde Zeichen in der Mitte bedeutet den geistigen Wesenskern des Menschen, der von den beiden Flügelschultern nach oben getragen wird. Insgesamt also ein Lehrwerk, mit dem sich heute noch jede Kirche schmücken könnte.

Aber würde sie das tun?

Abbildung 35: Die Riesenmauer von Sacsayhuaman nahe Cusco

Zu Abbildung 35:
Diese Aufnahme zeigt einen Teilausschnitt der dreistöckigen Riesenmauer von Sacsayhuaman, oberhalb von Cusco gelegen. Diese insgesamt 400 Meter lange Mauer wurde in der gleichen Technik des Blockschnitts errichtet, wie sie in den Mauern der Bauten auf der Hochebene von Gizeh erkennbar ist. Auch hier wurden Kolossalblöcke geschnitten und transportiert, deren schwerster 360 Tonnen wiegt. Dass hier mit der gleichen Technik gearbeitet wurde, beweisen auch einige von Energiestrahlen auf zwei Blöcken hinterlassene runde Vertiefungen.

Abbildung 36: Erosionsschutz am unteren Rand der Mykerinos-Pyramide

Zu den Abbildungen 36, 37 und 38:
Eine weitere Gegenüberstellung gleicher außerirdischer Bautechnik zeigen die drei folgenden Bilder. Bild 36 ist eine Aufnahme der Umrandung aus roten Granitblöcken, welche die dritte Pyramide auf der Hochebene von Gizeh umgeben. Trotz starker Erosion des Gesteins sind pro Block je zwei kuppenartige Wölbungen sichtbar. Die gleichen Wölbungen sind auf vielen Mauern in Südamerika zu sehen, wie hier auf den Aufnahmen 37 in einer Festungsmauer nahe Cusco und 38 der Tempeleingang von Ollantaytambo.

Abbildung 37: Festungsmauer nahe Cusco

Abbildung 38: Tempeleingang von Ollantaytambo

Welche Bedeutung haben die höckerartigen kleinen Wölbungen, die an einigen Quadersteinen in Gizeh und in Machu Picchu zu sehen sind?

Die unerklärlichen Fremdkörper in den sonst regelmäßig geformten Wänden und Mauern stellen nur eine Verzierung bzw. eine Unterbrechung der Eintönigkeit der glatten Mauerfront dar. Das gleiche gilt für die runden Vertiefungen oder für sonstige gewollte Unregelmäßigkeiten. Man hat diese primitive Art der Abwechslung in der Ansicht der Mauerflächen deshalb gewählt, um nicht in Konkurrenz zu treten zu den in künstlerischer Form an anderen Stellen, z.B. an Tempelwänden und Türrahmen zum Ausdruck gebrachten Lebenslehren und Denkhilfen. Irgendein technischer Zusammenhang besteht demnach nicht.

Der sogenannte Tempel des Tales

Die folgenden Aufnahmen zeigen den Kolossalbau von außen.
Die beiden Eingänge und die inneren Bauteile bestehen aus rotem
Granit. Die Außenwände dieses Gebäudes sind mit riesigen, stark
verwitterten Quaderblöcken aus Kalkstein aufgebaut. Die fenster-
artige Öffnung über dem rechten Eingang und der Schnitt der
Quaderblöcke sind identisch mit Bauten in Mittel- und Südamerika.
Es ist ein rätselhaftes Gebäude unterhalb der Hochebene von Gizeh, über das man wenig spricht und das die unzutreffende Bezeichnung Tempel erhalten hat.

Abbildung 39: Tempel des Tales von den Pyramiden aus gesehen

67

Zu Abbildung 39:

Welchen Zwecken diente die abfallende Rampe, welche von der mittleren Pyramide zu dem Kolossalbau, dem Tempel des Tales, hinunterführt?

Um diese Frage zu beantworten, bedarf es eines weiten Rückblicks in die Zeit der Entstehung der ersten Pyramiden. Diese dienten auch der Belehrung, um den ägyptischen Ureinwohnern mit der zum Himmel gerichteten Pyramide die Verbundenheit der Erde und ihrer Bewohner mit den höheren Mächten nahe zu bringen. Gleichzeitig sollte in ihnen der Glaube erweckt werden, dass durch Verehrung eines höchsten Wesens, das sie „Ra" nannten, ihr eigenes Leben immer unter dem Schutz dieser göttlichen Macht stehen würde. Für die feierlichen Versammlungen zu Ehren des Höchsten, des Weltenlenkers und Himmelsherrn, wurden die genannten Rampen angelegt, damit in den Menschen durch die Berührung mit einem festgefügten Standplatz das Gefühl des Verlässlichen und Sicheren unterbaut wurde. Das Wort „festen Boden unter den Füßen haben", wenn man in einer Sache wieder Klarheit erlangt hat, deutet auf die gleichen Zusammenhänge hin.

Abbildung 40: Tempel des Tales

Abbildung 41: Eine massive Konstruktion: Säulen. Nur eine solche massive Konstruktion konnte Jahrtausende überstehen. Die Säulen sind etwa 4,30 Meter hoch; ihr Querschnitt beträgt fast einen Quadratmeter. Damit ergibt sich das Gewicht für eine Säule zu etwa neun Tonnen.

Zu den Abbildungen 39, 40 und 41:
Welchen Zwecken diente das rätselhafte Gebäude am Fuße der Hochebene von Gizeh, das mit einer 5m starken Mauer aus roten Granit- und Kalksteinquadern eingefasst ist und anscheinend kein Dach besaß? Auffällig ist, dass Innenwände und Säulen keine Verzierungen aufweisen, was im Gegensatz zu den übrigen Tempeln steht.

Es ist verständlich, dass die heutigen Besucher von Gizeh mit diesem Riesenbauwerk, das heute noch durch seine ungewöhnlichen Abmessungen besticht, nichts anzufangen wissen. Es handelt sich vor allem nicht um einen Tempel, denn dann hätten die Wände eine Schmuckornamentik gezeigt, wie sie von anderen

Weihestätten her bekannt sind. Also darf daraus geschlossen werden, dass dieses Gebäude wesentlich nüchterneren Zwecken diente; und so war es auch. Es diente nämlich, um es mit einem modernen Begriff zu belegen, als Hangar für Kleinraumschiffe, die für Verbindungsflüge zu den großen, außerhalb des Erdanziehungsbereiches stationierten Mutterschiffen bereitstanden.

Das erklärt auch das Fehlen eines Daches, wie richtig vermutet wurde. Die starke Umwandlung dieses Bauwerkes entsprach dem Schutzbedürfnis für die Flugobjekte, die es in seinem Innern beherbergte. Der große, mit Steinplatten belegte Freiplatz vor diesem Gebäude war nichts anderes als der Abflug- und Landeplatz für die Verbindungsschiffe.

Abbildung 42: Das Innere des Baues

Zu den Abbildungen 42 und 43:
Diese Aufnahmen zeigen das Innere des überdimensionierten Baues. Die doppelt gebaute Mauer, außen Kalkstein und innen riesige, rote Granitblöcke, ist über 5 Meter dick. Der Innenhof und die viereckigen Säulen haben nirgends eine verzierende Darstellung.

Die nüchterne Herstellungsart zwingt den Betrachter förmlich zum Vergleich mit einer Lagerhalle bzw. einem riesigen Abstellraum. Nur das fehlende Dach stimmt mit dieser Annahme nicht überein. Die frühere Erklärung ist deshalb überzeugend.

Die Fugengenauigkeit des Mauerwerks und die Berücksichtigung baustatischer Grundsätze ist verblüffend.

Abbildung 43: Das Mauerwerk

Wie wurden die Kalksteinquader vom Steinbruch östlich des Nils zum Pyramidenstandort auf der Hochebene von Gizeh westlich des Nils transportiert (Luftlinie: rd. 15 km)?

Zur Überbrückung von Transportwegen, zum Beispiel zur Beförderung der Steinquader von der Gewinnungsstelle zum Verwendungsort, dienten ferngesteuerte Levitationsfluggeräte von entsprechender Größe, welche die Transportarbeit im Schwebeflug leisteten. Die taktgenaue Steuerung des gesamten Arbeitsablaufes oblag einer „Logistikzentrale", um einen modernen Begriff zu gebrauchen, die in der Nähe der mittleren Pyramide eingerichtet war und die heute als Tempel gedeutet wird. Ebenso falsch ist es, das heute noch gut erhaltene massive Bauwerk am Fuße der Hochebene von Gizeh als „Tempel des Tales" zu interpretieren; es diente vielmehr als Hangar zur sicheren Unterbringung dieser Transportmittel. Schon die nüchterne, allein auf Zweckmäßigkeit ausgerichtete Bauweise würde in Widerspruch stehen zu einem sakralen Bauwerk, wie es ein Tempel darstellt. Auch das Fehlen einer Dachabdeckung unterstreicht den Charakter eines Zweckbaus. Die Schwebetransporter besaßen an ihrer Unterseite gelenkartig befestigte Sensoren, die automatisch für die optimale Verbindung mit dem Transportgut sorgten. Während der Unterbringung im Hangar wurden diese umgeklappt, worauf die rechteckigen Vertiefungen in den Abstellflächen hindeuten. Für den Bau der Pyramiden in Gizeh wurden maximal 50 Schwebetransporter eingesetzt, die kontinuierlich zwischen Steinbruch und Einbaustelle verkehrten; einer davon wurde in der Großen Pyramide in einer noch unentdeckten Kammer eingeschlossen, in der Absicht, der Nachwelt ein Geschenk der „Götter" zu hinterlassen. Leider musste der Nachwelt dieses Geschenk vorenthalten bleiben, da die Menschen das dafür erforderliche Bewusstsein für die Verantwortung nicht erreichten. So werden nun die Pyramiden ihre Geheimnisse auf andere Weise offenbaren, indem die Nachfahren der einstigen „Götter" die Technik der Pyramidenbaukunst in eine Rettungsaktion für die ganze Menschheit umsetzen. Aus den Schwebetransportern sind kugelförmige Kleinstraum-

schiffe geworden, die im ferngesteuerten Pendelverkehr die Rettungsbrücke zu den Sternschiffen der einstigen „Götter" herstellen. So schließt sich ein gigantischer Kreis, dessen Anfang Ihr in den Pyramidenbauten studieren könnt und dessen Ende Ihr als Rückkehr in die universelle Lebensgemeinschaft Eurer Sternengeschwister erleben werdet.

Abbildung 44: Restaurierung der 37 Meter hohen Sphinx

Abbildung 45: Die Sphinx

Abbildung 46: Ein interessantes Bauwerk. Ansicht des hinteren Teils der Sphinx; ihre wellenförmige Gestaltung vermittelt einen lebendigen Eindruck. Die deutlich sichtbaren Erosionsschäden machen umfangreiche Ausbesserungsarbeiten notwendig.

Zu den Abbildungen 44, 45 und 46:

Die Sphinx gehört wohl neben der Cheopspyramide und den in Stein verewigten Riesenskulpturen zu den bewundernswürdigsten Darstellungen des alten Ägypten. Sie beherrscht den Raum zwischen den Pyramiden und dem vorhergehend geschilderten Kolossalbau. Es ist ein Bauwerk von unvergleichlicher Ausdruckskraft und Symbolik, das den Betrachter unwillkürlich zum Nachdenken veranlasst.

Was wollten die Erbauer mit der Sphinx zum Ausdruck bringen?
Es ist verständlich, dass das Rätsel der Sphinx ganze Generationen von Ägyptologen beschäftigte. Dabei ist es so einfach zu lösen. Die Sphinx stellt die Kombination eines Löwenleibes mit einem Menschenhaupt dar und sagt nichts anderes aus, als dass die Verbindung des menschlichen Geistes mit Willenskraft und Mut, sinnbildlich durch einen Löwen dargestellt, die Befreiung aus materieller Gebundenheit bedeutet. Diese Symbolik in Verbindung mit den Pyramiden beinhaltet demnach eine Belehrung in dem Sinne, dass dem Menschengeist der Weg zu den unendlichen Kraftquellen des Alls offen steht, wenn er sich dessen bewusst ist. Diese Aussage gilt sowohl nach außen als auch nach innen, d.h. nirgendwo sind dem Menschengeist Grenzen gesetzt, wenn er seinen Willen mit dem Willen des Allgeistes vereint. Diese Symbolik besitzt deshalb für alle Zeiten unveränderlichen Aussagewert. Insbesondere sollten die Menschen heute, im Übergang zu einem neuen Weltzeitalter, die Bedeutung dieser Symbolik sich zunutze machen und diese Wahrheit auf die Probe stellen. Statt sich mit den Nichtigkeiten dieser Welt zu beschäftigen und sich von ihnen gefangen nehmen zu lassen, wäre es von unschätzbarem Vorteil, den menschlichen Geist in die Weiten des Alls und ihn als Gedankenbrücke zu unseren Sternengeschwistern zu nutzen. Seine Reichweite ist unbegrenzt, zeit- und raumlos, weil er göttlichen Ursprungs ist. Je mehr sich die Menschen auf das immerwährende Verbundensein mit dem All-Leben einstellen, um so klarer wird die geistige Sicht, um so gereifter die Seele und um so größer der Bewusstseinsraum, bis er mit dem All-Lebensraum eins geworden ist. Dies ist dann der Zustand, den Jesus Christus mit dem Hause des Vaters, in dem es viele Wohnungen gibt, umschrieben hat.

Man spricht davon, dass die Sphinx im Inneren ihres Löwenkörpers Geheimnisse berge. Trifft dies zu?

Die Große Sphinx, wie Ihr sie nennt, ist ein Bauwerk von besonderer Art. Nicht nur, dass sie in ihrer symbolhaften Sprache die Menschen dazu auffordert, ihren Geist mit Mut und Entschlossenheit zu paaren, birgt sie auch noch in ihrem Inneren Räumlichkeiten, die mit der Aussage des Gesamtbauwerks in Zusammenhang stehen. Ähnlich den Wandreliefs in den Tempeln haben die Erbauer dieser Riesenskulptur ihr Wissen über den Verlauf eines Menschenlebens in den verschiedenen Entwicklungsstadien in eindrucksvoller Weise durch die Ausschmückung dreier Räumlichkeiten im Innern der Sphinx dargestellt. Diese Räume befinden sich im „Löwenleib" der Sphinx; sie sind durch das Entfernen einiger Steinquader zwischen den Vorderfüßen zugänglich. In Form von Wandreliefs wird gezeigt, wie ein Mensch, der nur seine äußeren Interessen lebt, sich allmählich zurückbildet auf die Stufe eines Urmenschen, der nur die Befriedigung seiner körperlichen Triebe und Begierden kannte. In einem weiteren Raum wird gezeigt, wie ein Mensch seine niederen Triebeigenschaften überwindet und sie umwandelt in Kräfte, die ihm die Welt des Geistes erschließen. Und schließlich sieht man in einem weiteren Raum den vollkommenen Menschen, dargestellt als eine strahlende Lichtfigur, völlig losgelöst von allen Bindungen an die materiellen und halbmateriellen Daseinswelten. In diesem Zustand betritt der Mensch die Stufe seiner Vergeistigung, d.h. eines Freiheitsgrades, der es ihm erlaubt, die Unermesslichkeit des Schöpfungs-Alls zu erforschen. Das ist das innere Geheimnis der Sphinx.

Aber welcher Gelehrte kann es entschleiern?

Das Serapeum

Die große unterirdische Anlage bei Sakkara

Diese unterirdische Anlage, die angeblich ein Stiergötter-Heiligtum sein soll, umfasst ein Gangsystem mit 24 großen, vertieften Seitennischen, je 12 beidseitig des Hauptganges, in denen trogartige Großbehälter aus schwarzem Granit stehen.

Abbildung 47: Eingang zum Serapeum

Auf den Behältern ruhen mächtige Abdeckungen aus dem gleichen Material; sie sind nach rückwärts ein Stück abgeschoben, so dass man in das leere Innere der Behälter blicken kann. Der schwarze Granit ist bewundernswert genau und spiegelglatt bearbeitet, so dass man den Eindruck gewinnt, als ob sie etwas Wertvolles aufzunehmen hatten. Die Räumlichkeiten selbst befinden sich im Gegensatz dazu in einem mehr oder weniger rohen Zustand. Die ganze Anlage wirkt nicht wie ein sakrales Bauwerk, sondern eher wie ein reiner Zweckbau.

Abbildung 48: Hauptgang mit architektonisch gut gestalteten Bogengewölben

Abbildung 49: Eine der Seitennischen mit Lagerbehälter aus schwarzem Granit

Die trogartigen Behälter haben folgende Ausmaße:

Länge: 3,80 m; Höhe 2,10 m; Breite: 2,30 m; daraus Volumen I: 18.354 m³
Stärke der Längswände: 0,42 m;
Querwände: 0,34 m; Boden: 0,34 m (gesch.) Maße des Innenraums danach:
Länge 3,80-(2 x 0,34) = 3,12 m; Höhe: 2,10 – 0,4 = 1,76 m;
Breite 2,30-(2 x 0,42) = 1,46 m.
Volumen II: 3,12 x 1,76 x 1,46 =   8,017 m³
Volumen I - Volumen II =   10,337 m³
Mittleres spez. Gewicht von rotem Granit: 2,8;
Gewicht des Behälters ohne Deckel: 10,337 m³ x 2,8 t/m³ =   28,944 t
Maße des Deckels: Dicke: 1,00 m; Länge und Breite wie oben;
Gewicht des Deckels: 1,00 x 3,80 x 2,30 x 2,80 =   24,472 t

Gewicht insgesamt: **53,416 t**

Zu den Abbildungen 47, 48, 49 und 50:

Das erstaunliche Gewicht dieser Behälter und ihre wunderbare Bearbeitung sowie ihre nüchterne und schmucklose Umgebung wirft sofort einige Fragen auf: Welchen Zwecken diente das „Serapeum" mit seinen 24 schwergewichtig gesicherten Behältern und wie gelangten sie in die unterirdischen Nischen?

Diese unterirdische Anlage war keinen „Stiergöttern" geweiht, vielmehr diente sie als sicherer Aufbewahrungsort für diejenigen Geräte, die beim Bau der Pyramiden, Tempel und sonstiger Anlagen verwendet wurden. Zu ihnen zählten die Energiegeräte, welche der Gewinnung und Endbearbeitung der Steinquader dienten, sowie die Dematerialisierungs- und Levitationsgeräte, die für begrenzte Transporte eingesetzt wurden. Die Geräte zur Dematerialisierung wurden zur Lösung von Transportproblemen verwendet, die auf andere Weise nicht zu bewältigen waren, entweder wegen zu großer Entfernungen oder sonst nicht überwindbarer Hindernisse. Mit Geräten zur Rematerialisierung wurde der ursprüngliche Zustand des Transportgutes wieder hergestellt. Mit dieser Technik wurden auch die großräumigen Lagerbehälter an ihre Standorte befördert. Bei der Betrachtung der Konstruktion der Pyramiden fällt besonders die Präzision der Fugen zwischen den Quaderblöcken ins Auge. Diese Fugengenauigkeit wurde durch Glättinstrumente erreicht, die einen Feinschliff bis zu einem Toleranzmaß von 1/10 mm ermöglichten, unabhängig von der Größe der zu bearbeitenden Fläche. Diese Instrumente gab es in verschiedenen Größen bis zu einer handtellergroßen Ausführung, die von den Künstlern zur Feinbearbeitung von Statuen und Ornamenten benützt wurde. Schließlich gab es noch eine Anzahl von Geräten, mit deren Hilfe Arbeitsplätze und Baustellen vor neugierigem Volk geschützt werden konnten. Dies geschah mittels Magnetfeldern, die jeden Unbefugten elastisch hinderten, weiterzugehen. Man könnte diese Geräte mit einem magnetischen Zaun vergleichen. Alle diese Geräte und Instrumente wurden in diesen Sicherheitsbehältern aufbewahrt, um sie vor dem Zugriff der Pharaonen und ihrer Untertanen sowie vor räuberischen Beduinen zu schützen. Erst am Ende ihrer Betreuungsmission haben die „Götter" die wertvollen Instrumente und Gerätschaften wieder an sich genommen und auf ihren Heimatstern zurückgebracht. Um die Neugierde der Menschen zu befriedigen, wurden die schweren Behälterabdeckungen nicht ganz geschlossen, so dass jederzeit ein Blick in den leeren Innenraum möglich war und heute noch ist. Die ganze unterirdische Anlage wurde ihrem Zweck entsprechend in einem relativ rohen Bauzustand belassen; nur der Hauptgang wurde durch Gewölbebögen entsprechend den einzelnen Depots unterteilt. Auch die Seitenwände der Behälterlager wurden zum Teil mit kleinen Rundbogennischen architektonisch aufgelockert. Man kann daraus ersehen, dass auch bei ausschließlichen Zweckbauten noch die ästhetische Wirkung auf den Menschen berücksichtigt wurde. Es sei noch vermerkt, dass das gesamte Ausbruchsmaterial der unterirdischen Anlage durch Dematerialisierung beseitigt wurde, so dass ein Erdtransportproblem gar nicht entstand. Gegenüber dem Eingangsstollen befindet sich ein etwa sieben Meter langer, schmaler und sich verengender niederer Tunnel, vor dem ein offener Behälter liegt (siehe Abbildung 50).

Welche Bedeutung hatte dieser Tunnel und der offenbar zu ihm gehörende, ein wenig im Boden versenkte offene Steintrog?
In diesem Tunnel wurde ein Gerät aufbewahrt, das man als „Levitations-Transportband" bezeichnen könnte, jedoch bewegte sich anstelle eines Bandes ein Antigravitationsfeld, dessen Wirkungsbreite regelbar war. In dem davor liegenden Behälter war der entsprechende Generator untergebracht, der kosmische Energie in Antigravitation mit regulierbarer Feldstärke umwandelte. Das Gerät fand nur selten Verwendung. Es war als Hilfsmittel zur künstlerischen Arbeit an Statuen vorgesehen, um durch eine sektorenweise Aufhebung der Schwerkraft die für die Bearbeitung des Rohlings jeweils günstigste Position zu ermöglichen. Auf diese Weise entstand zum Beispiel die große Statue des Osiris von

Memphis. Sie stellt nicht, wie angenommen, Pharao Ramses II. dar.

Abbildung 50: Offener Behälter

Abbildung 51: Ein liegender Granitblock mit Schriftzeichen

Zu Abbildung 51:
Deutung der Schriftzeichen an einem am Boden liegenden Granitblock im Serapeum

Der Sinn dieser Schriftzeichen ist im wesentlichen der gleiche wie die anderen, an die irdische Menschheit gerichteten Belehrungen, nämlich eine Aufforderung zur Schulung der Willenskraft, um den irreführenden Versuchungen der materiellen Welt aus dem Wege zu gehen, von der Gewalt abzulassen und die tierischen Instinkte im Menschen zu überwinden, damit der menschliche Geist frei wird und seiner Bestimmung gemäß die Macht über die Materie gewinnt. Ist es nicht beschämend, für die heutige, sich aufgeklärt dünkende Menschheit, dass diese schon vor Jahrtausenden an die damals lebenden Menschen gerichteten Belehrungen von ihrer Gültigkeit bis heute nichts verloren, ja sogar noch an Bedeutung gewonnen haben?

Unterirdische Grabkammern
neben der UNAS-Pyramide bei Sakkara

Diese unterirdische Grabanlage gleicht einem Labyrinth und ist nur durch einen etwa 20 Meter tiefen, senkrechten Schacht mit einer Wendeltreppe zu erreichen. Die Treppe hat 107 Stufen. Der Schacht ist fast quadratisch; seine Maße sind: 1,50 m / 1,40 m.
Es ist der Eingang zu einer unterirdischen Grabkammer. Der Zugang besteht aus vier Rechteckprofilen aus Granit. Die Seitenwände wurden aus Kalksteinquader hergestellt.

Abbildung 52: Unterirdische Grabkammer

Abbildung 53: Grabkammer

Zu den Abbildungen 52 und 53:
In dieser Grabkammer liegt unerklärlicherweise über dem einstigen Sarkophag in halber Höhe des Grabgewölbes ein glatt bearbeiteter Block aus rotem Granit, gestützt an seinen vier Eckpunkten auf Kalksteinsäulen, ohne dass eine Verbindung mit den Seitenwänden besteht.

Die Abmessungen des Granitmonolithen sind:
Höhe: 1,25 m; Breite: 2,50 m; Länge: 4,30 m
Sein Gewicht beträgt demnach:
1,25 m x 2,50 m x 4,30 x 2,8 t/m³ =   7,625 t
Gewicht der beiden Konsolen an der Vorderseite   0,055 t
                              Gesamtgewicht: 7,680 t

Welche Bedeutung hatte der Granitblock in der Grabkammer und wie wurde er an diese Stelle transportiert?

Dieser eigenartige Granitblock, der euch in Erstaunen setzte, steht in keinem Zusammenhang mit der Grabkammer selbst. Er war ursprünglich für die Überdachung des Eingangs zur UNAS-Pyramide vorgesehen, fand aber dafür keine Verwendung mehr, da die Pyramide nicht mehr fertiggestellt wurde. Der Grund für den Abbruch der Bauarbeiten war der gleiche, der auch zur Einstellung der Arbeiten am Obelisk von Assuan führte, nämlich die Beendigung der sichtbaren Betreuungsmission der „Götter" und die Rückkehr auf ihren Heimatplaneten im Sonnensystem Alpha Centauri. Da nun der fertig bearbeitete Granitblock eine besonders schöne außerirdische Hinterlassenschaft darstellte, kamen die Baumeister auf den Gedanken, sie nicht der Verwitterung auszusetzen, sondern an einen Ort zu bringen, der den Erhalt dieses Stückes über Jahrtausende garantieren würde und eine spätere Menschheit zum Nachdenken veranlassen müsste. So wurde der Entschluss gefasst, den Granitblock in einer der Grabkammern zu deponieren. Dies geschah durch Dematerialisierung und Rematerialisierung am dafür vorgesehenen Ort. Dazu wurde der Block mit der gleichen kosmischen Energie umhüllt, wie sie auch für die Energiestrahlsäge verwendet wurde, bis zur Umwandlung in seine energetische Form. In diesem Zustand wurde der Block mittels eines Steuerungsstrahls an die vorgesehene Stelle versetzt und dort durch ein Rematerialisierungsgerät, das auf dem Prinzip der Frequenzminderung durch eine „energetische Matrize" beruht, in seine ursprüngliche molekulare Struktur wieder umgewandelt. Da dieser Granitblock in seiner materiellen Form niemals durch den engen Schacht und die verwinkelten Gänge der unterirdischen Grabanlage hätte transportiert werden können, bleibt nur die Anerkennung dieser Demonstration einer vollkommenen Beherrschung der Gesetze physikalischer Strukturen.

Abbildung 54: Hieroglyphen

Zu Abbildung 54:
Welche Bedeutung haben die reliefartigen Hieroglyphen an der
Wand gegenüber dem Monolithen aus rotem Granit?
*Mit diesen Darstellungen wollte der Künstler, der auch den roten
Granitblock bearbeitet hatte, der Nachwelt einen „Denkzettel"*

hinterlassen. Es fällt auf, dass sich die Zeichen mehrmals wie-
derholen, was darauf hindeutet, dass es sich um eine eindringliche Mahnung handelt. Frei übersetzt lautet sie: „Ihr könnt die
ineinander verwobenen Probleme, die Ihr euch selbst geschaffen
habt, aus eigener Kraft nicht lösen". Diese Voraussage wird
symbolisiert durch einen Vogel mit gestutzten Flügeln, der schon
das Fliegen verlernt hat und hilflos auf das Knotengeflecht starrt.
Der gute Rat in ähnlicher Symbolik lautet: „Kehrt aller Gewalt
den Rücken und hortet keine irdischen Besitztümer" (dargestellt
durch einen Pfeil und einen zugeschnürten Sack, von welchen
sich der kräftige und mit langen Schwingen ausgestattete Vogel
abwendet). „Richtet euer Denken auf die Allgegenwart Gottes
(dargestellt durch eine überdimensionale Augensymbolik), dann
gewinnt euer Geist seine ursprüngliche Kraft zurück (kräftige,
wohlgeformte Vogelfigur als Symbol geistiger Freiheit) und Ihr
habt stets ein sicheres Geleit, auf das Ihr euch verlassen könnt"
(symbolisiert durch einen kräftigen Stock mit Handgriff). „Wenn
Ihr diesen Rat befolgt, dann wird für eure Lebensbedürfnisse
reichlich gesorgt sein" (dargestellt durch einen Maßbecher für
Weizen, frühere Geräte zur Herstellung von Kleidern und Schu-
hen sowie durch eine Schüssel).

Wer wurde in dieser Grabkammer bestattet?
Es war ein Tempeldiener, der zur Priesterschaft der Tempelanla-
ge von Sakkara zählte. Er wurde mumifiziert und die Grabkammer war mit seinen kostbaren Gewändern, die er bei den Tempel-
zeremonien trug, sowie mit Beigaben aus dem Tempelschatz ausgestattet. In den anderen Grabkammern wurden ebenfalls Tempeldiener bestattet, und auch hier waren die Grabbeigaben ähnlich kostbar. Diese unterirdische Grabanlage wurde, ebenso wie
das sogenannte Serapeum, mit der Technik der Dematerialisation
hergestellt.

Waren es außerirdischen Betreuer, die diese Arbeiten ausführten?
Nein, es waren Ägypter, die zur Handhabung dieses Verfahrens besonders ausgebildet wurden. Mit dieser Technik wurden nur einige der intelligentesten und zuverlässigsten Ägypter vertraut gemacht.

Waren es dann auch Ägypter, die den Monolithen aus Granit mit Hilfe der Dematerialisationstechnik in die Grabkammer beförderten?
Nein, dies war ein zurückgebliebener außerirdischer Betreuer, der auch dafür sorgte, dass diese technischen Geräte nicht in die Hände von Unberufenen gelangten. Später wurde er, zusammen mit dem „Götterpaar" Isis und Osiris mit einem Raumschiff abgeholt, wobei auch alle außerirdischen Gerätschaften der irdischen Nachkommenschaft entzogen wurden, denn es wäre vorauszusehen gewesen, dass eine solche technische Hinterlassenschaft in den Händen einer noch geistig tief stehenden Menschheit katastrophale Folgen gehabt hätte. Trotz des einzigen Zugangs über einen rund 20 Meter tiefen senkrechten Schacht gelang es Grabräubern, die unterirdische Anlage zu entdecken und die Grabkammern auszurauben.

Abbildung 55: Oberseite eines Monolithen

Zur Abbildung 55:
Oberseite des Monolithen mit den trotz Staubbedeckung deutlich erkennbaren Schriftzeichen, die sich über die Mitte des ganzen Granitblocks erstrecken

Was bedeutet die Inschrift auf der Oberseite des Granitmonolithen?
Die sinngemäße Übersetzung dieser eingefrästen Zeichen lautet: „Wenn das Geheimnis dieses Steines enträtselt wird, dann ist die Zeit unserer Wiederkunft gekommen. So geht die Menschheit jetzt ihrer größten geschichtlichen Wende entgegen. Das Zeitalter ihrer kosmischen Isolation ist abgeschlossen. Die Religion nimmt ihren Anfang.

Der Tempel von Dendera

Abbildung 56: Ein eigenartiges Wesen

Zu Abbildung 56:
Dieses eigenartige Wesen, das den Vorhof des Tempels von Dendera schmückt, steht in einem unerklärlichen Gegensatz zu den aussagekräftigen und harmonisierenden Skulpturen und Schmuckornamenten der Tempelbereiche.

Was soll also dieses in Stein gehauene, Abscheu erweckende Bildnis bedeuten?
Das dort dargestellte Wesen soll zum Ausdruck bringen, dass die Betätigung der äußeren Sinne allein (dargestellt durch überdimensionierte Ohren und Augen) zu einem bloßen Körpermenschen führt (dargestellt durch die überdimensionierte Körperform). Deshalb wurde diese Symbolstatue nicht im Tempel als dem Ort der Verinnerlichung und Vergeistigung, sondern im Vorhof, also vor dem Eingang zum Tempel aufgestellt, sozusagen als Mahnung, den äußeren Sinnen keinen Zutritt zu gewähren.

93

Abbildung 57: Ein Wandrelief

Zu Abbildung 57:
Dieses wunderschöne Hochrelief zeigt geflügelte Menschen und Tiere. Welche tiefsinnige Symbolik eröffnet sich wohl dem nachdenkenden Betrachter?

Die reliefartige Gestaltung einer Tempelwand zeigt in verschiedenen symbolhaften Darstellungen die geistige Freiheit des Menschen, indem die einzelnen Figuren, die die Eigenschaften des Menschen zum Ausdruck bringen sollen, mit Flügeln versehen wurden, mit Ausnahme wiederum der äußeren Sinne, die mit einem deutlich erkennbaren Augen- und Ohrenpaar dargestellt sind.

Der geflügelte Adler symbolisiert die Freiheit des Geistes, der darüber abgebildete geflügelte Löwe die Tatkraft. Die Mittelfigur stellt den ganzen Menschen dar, dessen Körper zwar der Stützung bedarf (die beiden Arme stützen sich gegen die Lebensebene ab), dessen Seelenleib jedoch unbegrenzten Lebensraum besitzt (vgl. die mächtigen „Flügelorgane" links und rechts des menschlichen Leibes). Das Tier hingegen (rechts davon dargestellt durch eine

94

Kuh) mit seinen niederen Sinnen ist an seine Lebensebene gebunden (es ist nicht mit Flügeln ausgestattet) und symbolisiert das triebhafte Leben. Die erkennbaren Inschriften in Hieroglyphen sagen das gleiche aus, was durch die Symbolik dargestellt ist, nur in kurz gefassten Lebensregeln, so wie dies zu allen Zeiten in den sogenannten Heiligen Büchern niedergelegt wurde. Im Grunde genommen findet man in allen wichtigen Religionen die gleichen Aussagen über das richtige Verhalten des Menschen auf seinem Lebensweg, damit er möglichst bald von einem körpergebundenen Dasein zur Freiheit des universellen Lebens, d.h. vom Sinnenreich zum Innenreich findet. Das ist der Weg der Erlösung, den Christus vorgelebt hat. Warum, so muss man die Frage stellen, hat die vieltausendjährige Belehrung dieser irdischen Menschheit es nicht vermocht, sich aus dem Kreis der Bindungen zu lösen und endlich den Weg einzuschlagen, der zu einem glücklichen Leben führt? Es liegt am Menschen selbst, an seinem Willen, die tierischen Elemente aus seiner Seele zu entfernen und sie mit den Kräften des göttlichen Geistes zu erfüllen. Man sieht, wie aktuell die Symbolsprache dieser altägyptischen Darstellungen ist und wie beschämend es eigentlich für den heutigen, sich so überlegen dünkenden Menschen sein müsste, aus den Überresten einer längst vergangenen Kultur erfahren zu müssen, dass weder nach außen noch nach innen ein echter Fortschritt auf diesem Planeten erreicht worden ist.

Abbildung 58: Reliefdarstellung: Tiermensch

Abbildung 59: Reliefdarstellung: UFO

Abbildung 60: Reliefdarstellung: UFO

Zu den Abbildungen 58, 59 und 60: Diese Bilder stammen aus dem Tempel von Dendera und wurden in einem schmalen, unterirdischen Gang aufgenommen. Sie zeigen seltsame Reliefdarstellungen, deren Inhalte technischer Art sein könnten. Die Kombination mit dem rechts im Bild dargestellten Tiermenschen lässt allerdings keinen Zusammenhang erkennen.

Die Reliefs, die auf den Wänden des Tempels von Dendera zu sehen sind, haben nichts mit irdischer Technik auf dem Gebiet der Elektrizität zu tun. Vielmehr sind es Darstellungen von der Raumflugtechnik der „Götter", das heißt der außerirdischen Betreuer der Urägypter. Das birnenförmige Gebilde, in dem sich eine geschlängelte Doppellinie befindet, ist die Darstellung eines der wichtigsten Teile eines Raumschiffes, nämlich ein Ausschnitt der Akkumulator-Anlage zum Empfang und zur Speicherung kosmischer Energie. Mit Hilfe dieser Einrichtung ist es möglich, ein eigenes Schwerkraftfeld zu erzeugen. Die geschlängelte Doppellinie stellt in Wirklichkeit ein Hohlrohr dar, was wie eine Antenne wirkt. Im Zusammenschluss von Hunderten solcher Empfangslamellen wird die notwendige Konzentration der kosmischen Energie erzeugt. Diesen Zusammenschluss besorgt eine Spule, die als Ring ausgebildet ist und sogar von außen, zwischen Oberteil und Mittelteil eines Raumflugkörpers sichtbar ist. Dieser Ring erzeugt auch den Leuchteffekt, der ein Kennzeichen jedes universellen Flugobjektes ist. Diese Leuchterscheinung darf jedoch nicht verglichen werden mit einer Leuchtwirkung, die durch elektrischen Strom erzeugt wird. Vielmehr handelt es sich hierbei um eine Art von Ionisation, also eine Schwingungserregung der Luftmoleküle. Die verschiedenartigen Farberscheinungen rühren daher, dass die Intensität der Erregung jeweils der Farbfrequenz des Lichtes proportional ist, oder mit anderen Worten: Bei einer Verminderung des Schwerkraftfeldes treten Farberscheinungen auf, die von gelb über orange bis zu dunkelrot reichen; wird das Feld verstärkt, dann leuchtet das Raumschiff in den Farben grün, blau bis violett auf. Im Schwebeflug hat es eine bläulich-weiße Aura. Man kann also an der Farberscheinung eines Raumschiffes ablesen, ob es sich vom Planeten entfernt (Blautönung) oder ob es sich ihm nähert (Rottönung).

Nun zurück zu den Reliefs. Die menschlichen Figuren, die in Verbindung mit diesem wichtigen Bestandteil eines Raumschiffes abgebildet sind, stellen die Raumfahrer selbst dar, wie sie in verschiedenen Positionen ihre einzelnen Aufgaben verdeutlichen *wollen. Hierbei fällt besonders diese eine Figur auf, die mit ihren Armen das Antennenrohr berührt, vom übrigen Körper aber nichts zu sehen ist, statt dessen nur vier stark hervorgehobene, kurze Querbalken den Betrachter anziehen, so, als wollte man etwas dick ausstreichen. Mit dieser Darstellung soll symbolisch zum Ausdruck gebracht werden, dass durch die gleiche Kraft, die durch das Antennenrohr empfangen wird, ein menschlicher Körper dematerialisiert werden kann. Die Figur, die auf einer Säule in kniender Stellung mit nach oben ausgebreiteten Armen und einer schwebenden Kugel über dem Kopf zu sehen ist, soll Ausdruck sein für die Kraft des Menschen, die er im Gebet empfangen kann und die ihn befähigt, der Materie zu gebieten (dargestellt durch die schwebende Kugel, die seinen Kopf nicht berührt). Die daneben stehende größere Figur mit affenähnlichem Kopf und langem Schwanz, die in ihren beiden Händen zwei messerartige Instrumente hält, soll ein Symbol dafür sein, dass das Tierische im Menschen ihm den Zugang verwehrt zu den Erkenntnissen der Raumflugtechnik und damit zur universellen Freiheit des Lebens. Die beiden messerartigen Gebilde in den Händen des Tiermenschen stellen seine Hilfsmittel dar, mit denen er versucht, durch ein gewaltsames Vorgehen in die Geheimnisse einer höheren Lebensfreiheit einzudringen. Die Größe dieser Figur symbolisiert gleichzeitig die Größe der Unkenntnis des tierischen Menschen. Die Hieroglyphenstelle, die zwischen diesem Tiermenschen und den Darstellungen einer höheren Lebensfreiheit angebracht ist, unterstreicht textlich das symbolhaft zum Ausdruck Gebrachte. Man kann es wie folgt übersetzen: Die Instinkte des Tieres binden den Menschen, der von Gott zu universeller Freiheit erschaffen worden ist.*

Diese Wahrheit, die hier zum Ausdruck kommt, hat in ihrer Gültigkeit bis zum heutigen Tage nichts verloren. Im Gegenteil, sie scheint gerade auf die Gegenwart gemünzt zu sein, da versucht wird, mit den Mitteln der Gewalt in den universellen Freiraum des Lebens einzudringen, ja, ihn zu „erobern", wie die gängige Formulierung lautet.

*Schon das Denken in den Bahnen von Eroberung und Herrsch-
sucht schließt jeden Fortschritt in der Überwindung interstellarer
Räume aus. Erst wenn der Mensch gelernt hat, sich von irdischen
Wertvorstellungen zu lösen und sich selbst als Teil eines universellen Lebens zu betrachten, wird es ihm gelingen, wieder Anschluss zu finden an eine Lebensgemeinschaft, deren Jahrtausende alten Wahrheitszeugnisse heute noch in den Tempeln und Pyramiden des alten Ägypten zu finden sind.*

Abbildung 61: Ein Wandrelief in Dendera

Zu Abbildung 61:

Diese Aufnahme zeigt ein weiteres sehr schönes Wandrelief im Tempel von Dendera. Man sieht rechts im Bild eine sitzende Figur mit einem merkwürdig üppigen Kopfschmuck. In ihrer rechten Hand hält sie das sogenannte „Henkelkreuz". Noch merkwürdiger nehmen sich die beiden katzenkopfähnlichen menschlichen Köpfe aus, die auf säulenartigen Halsverlängerungen sitzen. Beide tragen anscheinend schwere Gegenstände auf ihren Häuptern. Welche Bedeutung hat die sitzende Frauengestalt mit Henkelkreuz in der rechten Hand und mit dem seltsamen Kopfschmuck? Welcher Sinn steckt hinter den beiden katzenkopfähnlichen Figuren auf ihren langen Hälsen?

Die sitzende Gestalt stellt eine „Göttin" dar, d.h. eine Außerirdische, die zur Betreuungsmission für die übersiedelte Volksgruppe ihres Heimatplaneten zählte. Man kann in ihr ein weibliches Gegenstück zu der aus einem Kalksteinmonolith bestehenden Kolossalstatue in Memphis sehen. Sie wurde verehrt als eine Herrscherin, deren alleiniges Anliegen es war, ihre Schützlinge möglichst bald aus der selbstverschuldeten geistigen Trägheit und Entwicklungshemmung herauszuführen, damit auch ihnen wieder ein Leben zuteil wird, das keine Grenzen mehr kennt. Zu dem Kopfschmuck ist zu bemerken, dass er wiederum, wie in so vielen Variationen dieser Darstellungen, auf nichts anderes hinweisen soll, als auf die geistige Freiheit des Menschen, symbolisiert durch einen Vogel mit ausgebreiteten Flügeln. Die Abbildung darüber zeigt zwei Hörner eines Rindes, die eine Art Karaffe umfassen. Damit soll zum Ausdruck kommen, dass alle Aggressivität gezähmt werden muss, um sie zu nützlicher Tätigkeit umzupolen, bis sie imstande ist, sogar das Zerbrechliche feinfühlig zu bewahren. Damit ist auch gemeint, dass der Schutz des Schutzlosen ebenfalls zu den Tugenden zählt, die es im Sinne einer Höherentwicklung zu entfalten gilt. Was das Henkelkreuz betrifft, das in vielen alten Überlieferungen eine Rolle spielt, so ist dazu folgendes zu bemerken: Dieses Kreuz ist ein Symbol mit der Bedeutung eines Schlüssels, der jedem Menschen in die Hand gegeben wurde, damit er sich die Tür öffne aus seinem selbstgeschaffenen Gefängnis. Alles andere, was sonst an Erklärungen angeboten wird, ist menschliche Phantasie.

Nun zu den Zwillingsköpfen auf langen Hälsen, die links von der Figur der Königin, wie man sie bezeichnen könnte, abgebildet sind. Mit dieser seltsamen Darstellung soll zum Ausdruck gebracht werden, dass die Dummheit und Lernunwilligkeit in ihrer Zwillingserscheinung nur zur Untugend der Neugierde führt (dargestellt in Form von langen Hälsen) und dass diese Eigenschaften dem Tierischen verwandt sind (deshalb die Tierohren an den menschlichen Köpfen, die ohnehin nicht gerade den intelligentesten Ausdruck darbieten). Die Gewichte, die beide Köpfe zusammenzudrücken scheinen, sind symbolhafte Darstellungen von Unlust und Phlegma als Urheber von Dummheit und Lernunwilligkeit. Deshalb ergänzen sie die Zwillingsbelehrung vorteilhaft. Beide Gefäße, in denen diese Unheilstifter gefangengehalten werden, sind je mit einem Deckel, an dem eine Kordel befestigt ist, versehen, so dass es leicht wäre, sie aus den drückenden Gefäßen zu entlassen und ihnen den Laufpass zu geben. Die schwere Kugel, die sich zwischen den „neugierigen Hälsen" befindet, deutet zum wiederholten Male darauf hin, dass alle diese tierischen Eigenschaften kein Höherkommen erlauben. Das übrige Dargestellte ist künstlerisch gestaltete Schmuckornamentik. Alles zusammen wirkt wie ein Lehrbuch, das auch noch dem heutigen Menschen von großem Nutzen wäre, wenn er die Sprache der Symbolik verstehen würde. Ist es nicht beschämend, dass so wunderbare Lebenshilfen, die vor Jahrtausenden bereits von anderen Sternen den damaligen Erdenbewohnern überbracht wurden, ohne jeden Abstrich als pädagogischer Rahmenplan auch noch für die heutige Menschheit Verwendung finden kann? Wenn man aber daraus herleiten wollte, dass über diese ganze Zeit irdischer Entwicklung keinerlei Fortschritt im Verhalten der Menschen zu verzeichnen sei, so dürfen wir dennoch nicht außer Acht lassen, dass auch das sogenannte Böse, also die ebenso freie und ungebundene Einwirkung des Widergeistes, sich in unvor-

stellbarer Weise gesteigert hat. Dies war allerdings nur möglich, weil die göttliche Kraft, die jedem Menschen innewohnt, infolge Trägheit und Eigenwilligkeit gefesselt blieb. Man kann also sagen, dass dem Ziel, das die Sternengeschwister mit den gut gemeinten Übersiedlungsaktionen verfolgt hatten, nur ein Teilerfolg beschieden war, der zwar irdischerseits nicht nachprüfbar ist, aber sich dennoch insofern bemerkbar gemacht hat, als aus dieser Zeit der „Götterkontakte" die geistigen Grundlagen für ein religiöses Wissen hervorgingen, das sich dann in vielen Varianten fortpflanzte entsprechend dem Reifegrad des Gebenden und Empfangenden. Auf diesen überlieferten Erkenntnissen konnten dann die späteren Religionsstifter weiter aufbauen, ob es sich dabei um die Lehren eines Konfuzius, eines Gautama Buddha oder des Erlösers Jesus Christus handelt, der höchsten Inkarnation, die jemals auf diesem Planeten stattgefunden hat. Alle diese Lehren möchten ja nichts anderes vermitteln als praktische Lebens- und Verhaltensregeln für den in Schuld und Absonderung gefallenen Menschen. Wenn er sie seiner Lebensführung zugrundelegt, dann hat er automatisch den Weg beschritten, der zur Erlösung, das heißt zur Loslösung von allen Bindungen führt, die den menschlichen Geist an der Entfaltung seiner göttlichen Kraft hindern. Hier zeigt sich wieder die Gleichartigkeit der eindrucksvollen Symbolik der Sphinx. Im gleichen Sinne können wir auch Jesus Christus verstehen, als er diese dem Menschen innewohnende Geisteskraft mit den Worten charakterisierte: „Ihr seid Götter und allzumal Kinder des Höchsten" (Joh. 10,34 u. Ps. 82,6).

Memphis

Diese ursprünglich stehende Figur ist aus einem einzigen Kalk-
steinblock herausgearbeitet worden und stellt höchste künstleri-
sche Vollendung dar. Die Oberfläche wirkt wie poliert und unterstreicht dadurch noch die schönen Detailverzierungen.

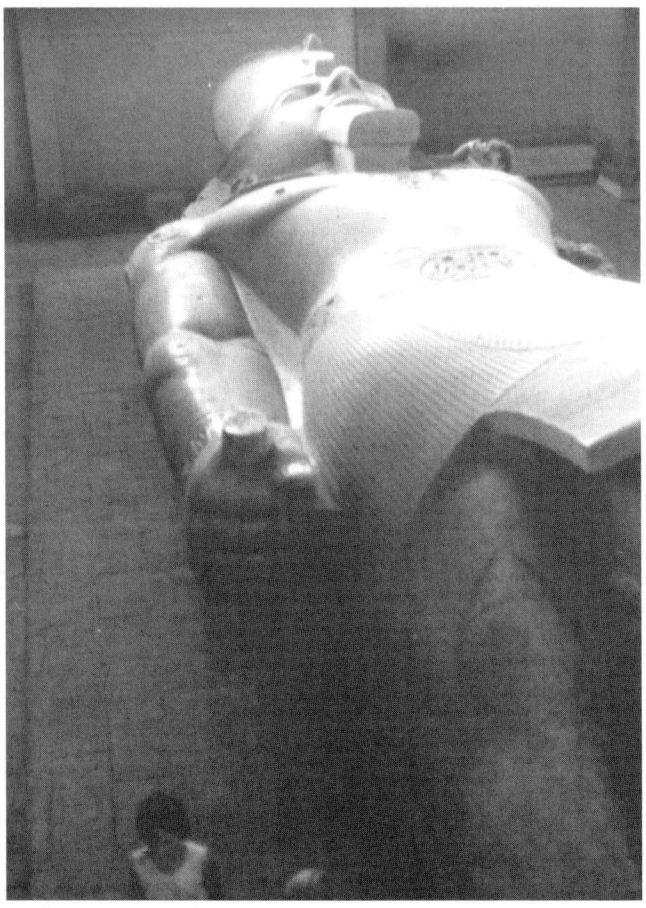

Abbildung 62: Eine Kolossal-Statue

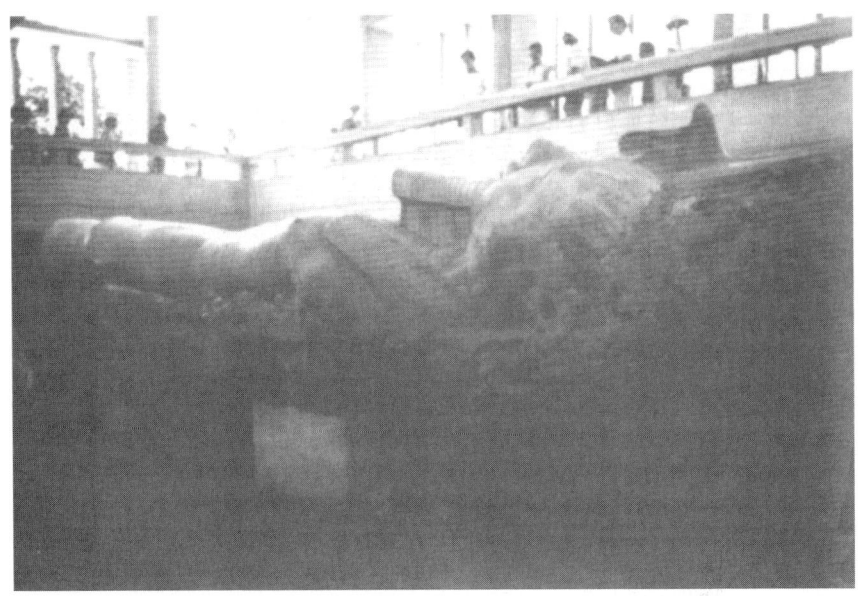

Abbildung 63: Osiris-Statue in Memphis

Was besonders auffällt, ist die ungewöhnlich hohe Kopfbedeckung, die zweifellos ein äußeres Zeichen der Würde darstellt. Der als stilisierter Bart ins Auge fallende Kinnschmuck hat indes mit einem Haarwuchs nichts zu tun, sondern stellt einfach das Gegenstück zur Kopfbedeckung dar, einmal um dem hohen Hut den nötigen Halt zu verleihen und zum anderen aus ästhetischen Gründen, damit die Kopfform geschlossen wirkt. In der Mitte des Gürtels ist eine Inschrift zu erkennen, die dem Sinne nach lautet:

Liebe und Demut

—

die Kräfte des Universums.

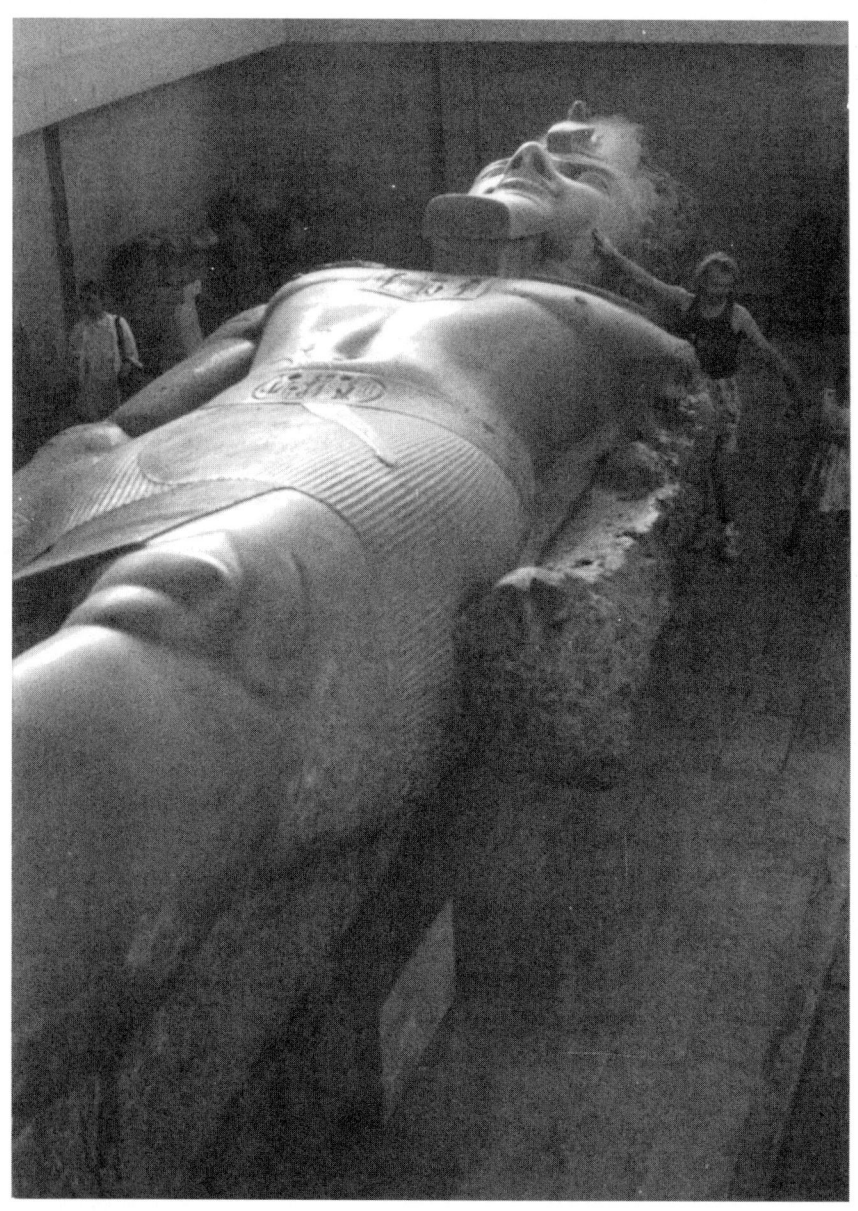

Abbildung 64: Die Osiris-Statue

Zu den Abbildungen 62, 63 und 64:
Diese Bilder zeigen eine Kolossal-Statue, die in Memphis in einer eigens dafür errichteten Besichtigungshalle verwahrt wird.

Wen stellt diese Skulptur dar?
Diese Skulptur stellt einen Herrscher dar, der für die Betreuung der übersiedelten Volksgruppe im Nilstromland verantwortlich war. Dieser Herrscher hatte aber nicht die Züge eines irdischen Despoten, wie vermutet werden könnte, vielmehr besaß er alle Eigenschaften, die wir uns unter einem weisen König und Regenten vorstellen können. Dies war auch der Grund seiner großen Verehrung und schließlich der Erschaffung eines Standbildes von ihm. Der Künstler war ein Freund von ihm, der mit ihm zusammen diese schwierige Mission übernommen hatte. Sein Handwerkszeug war dasselbe, das auch zur Gewinnung des Baumaterials für die Pyramiden diente, also das bereits erwähnte Energiestrahlgerät, das allerdings in seinen Händen zu einem vollendeten Ausdrucksmittel wurde. Dieses Standbild wurde aber nicht geschaffen zur äußeren Verehrung oder gar Anbetung, wie wir es aus der irdisch-menschlichen Vergangenheit bis zur Jetztzeit kennen, sondern allein zu dem Zweck der stetigen Erinnerung an die Betreuungszeit der „Götter", d.h. zur Aufrechterhaltung einer möglichst lebendigen Verbindung mit den Brüdern und Schwestern ihres früheren Volkes von einem anderen Sternenreich.

Abbildung 65: Die Osiris-Statue in Memphis

Zu Abbildung 65:
Das Kobra-Symbol auf der Stirn bedeutet die Vergeistigung aller Eigenschaften, die den Menschen an die Erde binden.

Besteht eine Verbindung zwischen der Kolossalstatue in Memphis und dem Wandrelief der sitzenden „Göttin" im Tempel von Dendera? Stellen die beiden Herrscherfiguren Isis und Osiris dar?

Ja, diese Vermutung ist richtig. Isis und Osiris waren ein außerirdisches Betreuerpaar, welches die Geschicke ihres Volkes, d.h. ihrer übersiedelten Brüder und Schwestern so lenkte, dass sie durch Stählung ihres Willens zur Höherentwicklung schließlich auf eigenen Wegen wieder in die Urheimat ihres Planeten zurückkehren sollten. Dies ist jedoch nur teilweise gelungen. Die vielen ausdrucksstarken Reliefdarstellungen waren die Hilfsmittel, die sie immer daran erinnern sollten, welche Schwächen sie abzulegen und welche Stärken sie sich zulegen sollten. Dies war der ganze Sinn der Erziehung, die das „Götterpaar" Isis und Osiris ihrem Volke angedeihen lassen wollte. Dass sie in ihrem Bemühen hohes Ansehen genießen durften, geht aus den Überlieferungen hervor.

Wer war Horus und der Geschichtsschreiber Thot?
Horus war der Sohn von Isis, der aus ihrer Ehe mit Osiris entspross. Horus kehrte aber bald dem irdischen Leben den Rücken und kehrte auf den Heimatplaneten zurück. Thot zählte ebenfalls zu der Gruppe der Betreuer, die insgesamt acht Personen umfasste. Ihm wurde die Aufgabe zuteil, seine zurückgebliebenen Planetengeschwister über ihre wahre Herkunft zu unterrichten und ihnen den ganzen Ablauf ihres bisherigen Schicksals vor Augen zu führen. Darüber hinaus war er selbstverständlich bemüht, so wie alle, die sich zu dieser Betreuungsmission entschlossen haben, ihnen ihre Zukunft zu erhellen, indem er sie darauf hinwies, dass es nur von ihnen allein abhängen würde, ob sie noch lange ein solches Aussiedlerleben führen müssten oder ob der Zeitpunkt der Rückkehr ins „Paradies", wie man ihre früheren Lebensumstände auf dem Heimatplaneten bezeichnen könnte, gekommen ist.

Wie schwer es ist, Lebensgewohnheiten wieder abzulegen, die dem geistigen Fortschritt entgegenstehen, kann in der Urgeschichte der Ägypter nachgelesen werden.

Sakkarah

Eine bemerkenswerte Gegenüberstellung außerirdischer und ir-
disch-menschlicher Technik. Die nächsten drei Aufnahmen zeigen die Stufen-Pyramide von Sakkarah.

Abbildung 66: Die Stufen-Pyramide von Sakkarah

Zu Abbildung 66:
Mit 65 Meter Höhe, disharmonisch und plump, ist sie die
schlechte Imitationsarbeit eines Pharaonen. Die ungenauen und
von Hand bearbeiteten Quadersteine müssen sogar mit Mörtel
zusammengehalten werden, wie ein Bild in Nahaufnahme zu erkennen gibt.

Abbildung 67: Ein Teil der Sakkarah-Pyramide

Zu Abbildung 67:
Auch die Stufenform zeigt statische Probleme auf, die aber nur durch diese Formgebung gemeistert werden konnten. Diese „Pyramide" entstand aus einem Nachbildungsdrang in der Verkennung der wahren Zusammenhänge - längst nachdem die echten Pyramidenbauer ihre irdische Wirkungsstätte wieder verlassen hatten. Immerhin hat auch dieses Bauwerk ein Alter von ca. 4000 Jahren.

111

Abbildung 68: Ein weiterer Teil der Sakkarah-Pyramide

Zu Abbildung 68:
Haben auch Atlanter am Bau der Pyramiden in Ägypten mitgewirkt?

Die Atlanter verfügten aufgrund ihrer Verbindung mit außerirdischen Kulturen über die Kunst des Pyramidenbaus und dessen Nutzung zur Energiegewinnung. Diese technische Errungenschaft ermöglichte ihnen ein sorgenfreies Leben, das sie aber nicht zu einem geistigen Fortschritt nutzten. Die Folgen waren katastrophaler Art und führten schließlich zum Untergang dieses Reiches. Nur eine geringe Zahl von Atlantern konnte sich mit ihren Flugmaschinen retten. Eine Gruppe gelangte nach Ägypten und schloss sich der dortigen Bevölkerung an, die diese Besucher für „Götter" hielten und sie deshalb verehrten. Die Atlanter taten ein übriges, um dieser Verehrung gerecht zu werden, indem sie durch Schulungen und Belehrungen ihre eigenen Lebenserfahrungen und geistigen Erkenntnisse ihren Gastgebern zu vermitteln versuchten. Dies gelang ihnen nur in beschränktem Maße, denn der Entwicklungsunterschied war zu groß. Durch die allmähliche Vermischung der atlantischen Fremdlinge mit den ägyptischen Ureinwohnern ging auch der als Gastgeschenk überbrachte Fortschritt im Verlauf vieler Generationen wieder verloren, bis dann durch die außerirdischen „Götter" eine neue Epoche der geistigen Höherentwicklung begann, in der auch die Erinnerungsfragmente aus der atlantischen „Götterzeit" eine unterstützende Rolle spielten. Der Pyramidenbau begann erst mit dem Erscheinen der außerirdischen Helfer; für die Ausführung solcher riesigen Bauwerke fehlten den einstigen atlantischen Flüchtlingen die Voraussetzungen.

Ein ähnliches Schicksal erlitt auch eine zweite Gruppe von Atlantern, die sich ebenfalls mit Flugmaschinen vor dem Untergang ihres Inselreiches retten konnte. Auf diesem Flug erreichten Sie das heutige Indien, wo sie von der einheimischen Bevölkerung zunächst auch als „Götter" begrüßt und verehrt wurden, bis widerstreitende Meinungen über die besten Behandlungs- und Be-

lehrungsmethoden zwischen ihnen auftraten, die sie schließlich in zwei unversöhnliche Lager spalteten. Dadurch schlug die Verehrungswürdigkeit in eine nüchterne Wirklichkeit um, ohne dass die Achtung vor dem Wissen dieser Fremdlinge Einbußen erlitt.

Obwohl die atlantischen Abkömmlinge lange Zeit ihre Reinrassigkeit behaupten konnten, ließ sich aber auf Dauer eine Rassenvermischung nicht verhindern, die aber nicht die „ägyptischen" Folgen hatte. Vielmehr konnte sich die Mischrasse behaupten, weil in ihr das atlantische Erbe überwog. Die Angehörigen dieser Mischrasse bezeichneten sich als Nachfahren der Atlanter, woraus sich dann die Kurzbezeichnung „Arier" ableitete. Das Sanskritwort „arya", der Edle, deutet übrigens noch auf diesen Zusammenhang hin.

Ihr weiterer Entwicklungsweg führte nach Westen. Die Erinnerung an ihre atlantische Heimat erlosch...

114

Die Bauten der Außerirdischen
auf anderen Kontinenten

Als dieses Buch auf eine ungewöhnliche Weise entstand, war das gesamte Thema auf Ägypten ausgerichtet. Im Laufe der vorbereitenden Zusammenstellungen ergaben sich aber noch weitere, interessante, mediale Durchgaben über Bauwerke anderer Kulturen. Darum folgt noch diese Erweiterung. Sie rundet damit das Gesamtthema „Bauten der Außerirdischen" ab.

Türkei

Gibt es auch in der Türkei Beweise für außerirdische Besuche? Woher kommen die **Hethiter**, die „Tausend Götter" verehrten? In der Felsengruppe Jasilikaia sind männliche und weibliche Gottheiten reihenweise in Stein gehauen. Auffallend sind bei den Relieffiguren die hohen, zum Teil spitzen Hüte. Was bedeuten diese Steinskulpturen? Ruinen der Hethiter-Metropole und Felsentempel liegen auf einem mehr als tausend Meter hohen, mit Mulden, Abhängen, Terrassen und Felsplateaus durchsetzten Hügel, vor allem beim sogenannten Löwentor, verblüffend ähnlich der Inkafestung Sacsayhuaman bei Cuzco. Bestehen hierzu geschichtliche Parallelen? Kann der hethitischen Steinplatte mit Adler/Mensch-Mischwesen (Sphinx-Darstellung die gleiche Erklärung wie bei den ähnlichen Darstellungen in Ägypten zugrunde gelegt werden? Eine 50 Meter hohe Pyramide wurde durch Antiochos I. aus Schottersteinen errichtet; darunter befindet sich die noch unentdeckte Grabkammer des Herrschers, wie angenommen wird. Einer von ihm hinterlassenen Schrift zufolge soll der heilige Berg außerdem ein unerschütterliches Gesetz der Zeit bergen. Was befindet sich tatsächlich im Innern dieser Pyramide? Götterthrone vor geheimnisvoller Schotterpyramide? Was sollen sie aussagen? *Wie schon richtig vermutet, handelt es sich bei den Hethitern ebenfalls um einen übersiedelten Volksstamm einer planetaren*

Menschenrasse. Es liegt also der gleiche Fall vor wie bei vielen anderen Volksstämmen der Erde, die infolge ihrer Fremdartigkeit den Archäologen unlösbare Rätsel aufgeben. Auch die Verehrung von 1000 „Göttern", die in den Skulpturen auf dem Berge Nemrud ihren Ausdruck findet, ist nichts anderes als eine Hinterlassenschaft ihrer Brüder und Schwestern ihres Heimatplaneten, um dadurch ihre immerwährende Verbundenheit sozusagen handgreiflich vor Augen zu führen. Eine Parallele dazu bieten die Riesenskulpturen auf der Osterinsel, die ebenfalls außerirdischen Ursprungs sind und dem gleichen Zwecke dienten. Was die Anlagen und Wohnstätten der Tempel betrifft, so finden wir auch in dieser Hinsicht eine weitere Bestätigung dafür, dass zwischen anderen übersiedelten planetaren Volksgruppen geschichtliche Verbindungen bestehen. Die Vergleiche mit den Bauwerken der Inkas zum Beispiel sind berechtigt und drängen sich geradezu auf. Den Berg Nemrud als „Götterberg" zu bezeichnen ist insofern nicht falsch, als dort die Außerirdischen die Hethitische Kolonie gründeten, mit dem gleichen Ziel, das auch allen anderen planetaren Übersiedlungen zugrunde lag, nämlich den entwicklungsunwilligen Volksgruppen eine Willensschulung durch anstrengende Arbeit zukommen zu lassen, die sie dann befähigen sollte, an die Entwicklungsstufe ihres Heimatplaneten wieder Anschluss zu finden. Die Darstellungen von Verbindungen eines Menschen mit Tierköpfen, Flügeln oder einem Löwenleib sind sinnbildhafte Aussagen über den geistigen Entwicklungsstand der Menschen (durch Tierköpfe ausgedrückt) und welche Möglichkeiten der Höherentwicklung ihnen offen stehen, wenn sie nur wollten (durch Flügel und Adler als Symbol der Freiheit dargestellt). Über die Bedeutung der Sphinx wurden bereits entsprechende Ausführungen gemacht. Es sei an dieser Stelle nur noch ergänzt, dass mit dem Mittel dieser unvergleichlichen Symbolik die zukunftsbestimmende Kraft des menschlichen Geistes den hilfebedürftigen Erdenbewohnern für alle Zeiten vor Augen gestellt werden sollte. Die sogenannten Mischwesen, wie sie auf den hethitischen Steinplatten zu sehen sind, haben also mit irgendwel-

chen Fabelwesen nichts zu tun, sondern sollten den Hethitern ebenfalls als Gedächtnisstütze dienen, so wie wir es aus vielen Märchen kennen, in denen sinnbildhaft dargestellt wird, dass trotz mannigfacher Schwierigkeiten die eigene Mühe und Anstrengung schließlich zu einem glücklichen Leben führen. Nichts anderes sagen ja auch die altägyptischen Tempelreliefs und Ornamentsymbolik in verschiedenen Variationen aus. Zu der Schotter-Pyramide ist zu sagen, dass sie anfänglich in der gleichen Präzision mit Steinquadern hergestellt wurde, wie dies von den ägyptischen und peruanischen Pyramiden bekannt ist, nur war die Qualität der Steine nicht dieselbe, so dass der Zahn der Zeit an ihnen nagte und sie schließlich zerfallen ließ. Zu diesem Zerfallsprozess trug auch der Umstand bei, dass diese Pyramide nicht, wie die ägyptische, mit geschliffenen Abdeckplatten versehen wurde, und dass die Witterungsverhältnisse auf dem 2150 Meter hohen „Götterberg" wesentlich ungünstiger waren als im gleichmäßig temperierten Unterägypten. Wenn man nun annimmt, dass diese Schotterpyramide das Grabmal des früheren Hethiter-Herrschers Antiochos I. sei, so geht man dabei ebenfalls fehl, wie im ägyptischen Parallelfall der Cheops-Pyramide, denn beide Kolossalbauten wurden zum Zwecke der Energiegewinnung errichtet, wie bereits beschrieben, und lediglich die Cheops-Pyramide wurde noch durch eine spezielle innere Gestaltung dazu benützt, den nachfolgenden Menschengeschlechtern den Ablauf ihrer wichtigsten Geschichtsperioden sinnbildlich darzustellen. Zugleich sollte damit zum Ausdruck gebracht werden, dass es dem Menschen möglich ist, große Zeiträume zu überschauen, wenn er sich bemüht, die kosmischen Gesetze von Ursache und Wirkung zu studieren und sich zu eigen zu machen. Was bedeutet nun die hinterlassene Botschaft dieses Hethiter-Herrschers, wonach der heilige Berg ein unerschütterliches Gesetz der Zeit bergen soll? Wie in der Großen Pyramide von Gizeh, so befindet sich auch in der verfallenen Pyramide von Nemrud eine Hinterlassenschaft der Götter, also der außerirdischen Erbauer der Pyramide, die ebenfalls in symbolhafter Darstellung *den Verlauf der kommenden geschichtlichen Perioden aufzeigt, allerdings nicht in Form von einem Gangsystem, sondern in Form einer Halle, in der durch Wandreliefs die Zukunft des irdischen Planeten und seiner Völker bis zur Gegenwart, d.h. bis zur Vollendung des sogenannten Großen Jahres, das rund 25800 Jahre umfasst, und der Eintritt in ein neues Zeitalter dargestellt ist. Könnte diese Halle freigelegt werden, dann würde dies in der Tat eine archäologische Sensation ersten Ranges bedeuten. Allerdings bliebe zu fragen, ob die Entdecker auch den tiefen Sinn der Wandreliefs deuten könnten.*

Was gibt es zum **Höhlensystem von Derinkuyu** zu sagen?
Diese unterirdischen Städte, die Zehntausenden von Menschen Platz boten und durch einen 9 km langen Tunnel miteinander verbunden waren, dienten den Hethitern als Schutz vor Katastrophen und Feinden. Die „Götter" haben wie im Falle der Uga Mongulata, eines Inkastammes im brasilianischen Amazonasgebiet, durch den Bau von unterirdischen Wohnstätten die größtmögliche Vorsorge getroffen, um ihren Schützlingen das Leben und gegebenenfalls das Überleben auf ihrem Schulungsplaneten zu garantieren. Es versteht sich von selbst, dass das jetzige Höhlensystem in keiner Weise mehr dem einstigen Wohnkomfort entspricht, mit dem die „Götter" diese Rettungsräume ausgestattet haben. Es mangelte weder an Licht, Wärme und Frischluft noch an Lebensmitteln und Bequemlichkeiten. Dies mag auf den ersten Blick völlig unverständlich sein; trotzdem entspricht diese Beschreibung der Wahrheit.
Dahinter steckt folgendes Wissen: Wenn man Materie, zum Beispiel Felswände, mit kosmischer Energie bestrahlt, dann wird eine Art von Radioaktivität erzeugt, die erstens einen Leuchteffekt als künstliches Licht hervorruft und zweitens Sauerstoff abspaltet. Dies ist ein ähnlicher Vorgang wie die Photosynthese bei den Pflanzen, die durch die Einwirkung des Sonnenlichtes im Assimilationsvorgang Sauerstoff abspalten. Diese biochemische Reaktion wurde also von belebter Materie auf unbelebte erfolgreich

übertragen, wobei allerdings dafür gesorgt werden musste, dass die dazu verwendete kosmische Energie dauernd in genügender Konzentration zur Verfügung stand. Wie bereits erwähnt, haben die „Götter" mit Hilfe der Pyramiden, die bei den Inkas in abgeschlossenen Tempelbezirken errichtet wurden, diese kosmische Energie eingefangen und in Akkumulatoren gespeichert. Mit unterirdischen Kabeln wurde die Energie zu den Versorgungsstellen geleitet. Diese Kabel bestanden aus einer Legierung künstlich hergestellter Metalle, die einen so geringen Leitwiderstand hatten, dass man ihn praktisch vernachlässigen konnte. Dem Kabelmaterial konnten natürliche Einflüsse nichts anhaben. Es war unzerstörbar. In den unterirdischen Wohnstätten gab es deshalb nie Versorgungsschwierigkeiten auf dem lebenswichtigen Sektor von Luft, Licht und Wärme, wobei alle drei Qualitäten den besten Außenverhältnissen entsprachen und in bezug auf die heutige Situation diese sogar noch übertrafen. Das waren die Geschenke, die die „Götter" ihren Brüdern und Schwestern hinterlassen hatten. Wie wurden aber die riesigen unterirdischen Stadtbezirke geschaffen? Sie wurden mit der gleichen Technik erbaut, die auch beim Bau der Pyramiden angewandt wurde, also mit dem Prinzip der „Schmelzsäge". Mit einem Energiestrahl wurde der Atomverbund des Gesteins gelockert, so dass der Zusammenhalt an der gewünschten Stelle aufgehoben wurde. Das Problem des Abtransports der Erd- und Gesteinsmassen wurde durch das gleiche Verfahren gelöst. Das abgetrennte Gestein wurde einfach zerschmolzen, d.h. in einen gasförmigen Zustand umgewandelt und abgesaugt. Auf diese Weise konnten unterirdische Hohlräume geschaffen werden in beliebiger Form und Größe. Die Innenausstattung dieser Räumlichkeiten zu Wohnstätten geschah dadurch, dass künstlich hergestellte, also durch freie Atomgruppierungen geschaffene Elemente als Baustoffe Verwendung fanden, wobei diese Baustoffe den natürlichen überlegen waren, da sie weder Verschleiß zeigten noch irgendwelche antibiologischen Eigenschaften aufwiesen. Dies ist eine Technik, die zwar alle Hochkulturen im Universum beherrschen, aber nur denjenigen Mensch-

heiten vermittelt wird, deren Verantwortungsgefühl gegenüber der göttlichen Schöpfung bereits einen solchen Grad erreicht hat, dass nur noch aufbauende Gedanken das planetare Leben bestimmen. Dies wiederum ist eine der wichtigsten Voraussetzungen, den Lebensraum in das Universum auszudehnen. Denn ohne „Selbstversorgung" durch freie Atomgruppierungen sind Reisen über Lichtjahrentfernungen unmöglich. Erst die vollkommene Beherrschung der materiellen und halbmateriellen Erscheinungsformen und deren beliebige Umwandlung bis zur reinen Energieform geben dem Menschen den Schlüssel in die Hand (Symbol des Henkelkreuzes) zum Eintritt in die universelle Lebensgemeinschaft, deren Ziel es ist, die unermessliche Liebe der urewigen Gottheit in allen Daseinsreichen zu erkennen und sie in uns selbst zu verwirklichen, damit wir uns zusammen mit unseren unzähligen kosmischen Geschwistern als Kinder des Höchsten begreifen. Dann wird uns ein Erbe erwarten, das jede Phantasie unserer Gedanken übertrifft.

China

Nach Satellitenfotos befindet sich in der **Provinz Shensi** eine etwa zweihundert Meter hohe Pyramide, die bisher keinem Fremden zugänglich gemacht wurde. Sie soll in der Hsia-Dynastie erbaut worden sein, die etwa vor 4000 Jahren an der Macht gewesen sein soll. Jede Pyramidenseite weist genau nach einer Himmelsrichtung und soll bestimmte Farbtöne besessen haben, nämlich Nordseite schwarz, Ostseite blaugrau, Südseite rot, Westseite weiß. Die Spitze soll in goldgelber Farbe bemalt gewesen sein, was nach chinesischer Auffassung das „Zentrum der Welt" bedeutete. Die Provinz Shensi soll ein Pyramidenzentrum gewesen sein, ein Tal mit über 100 Pyramiden verschiedener Größe. Auch östlich von Sian soll eine Pyramide existieren, die dem legendären Kaiser Ch'in Shih Huang-ti zugeschrieben wird. Bei seiner Grabstätte wurden 6000 lebensgroße Figuren aus glasiertem Ton - Krieger in verschiedenen Uniformen - ausgegraben. Beruht die fotografische Entdeckung der Riesenpyramide auf Wahrheit? Wenn ja, welche Bedeutung hatte sie? Zählt auch das chinesische Volk zu einer ausgesiedelten planetaren Rasse?

Das Satellitenauge hat sich nicht getäuscht. In der chinesischen Provinz Shensi befindet sich tatsächlich eine solche Riesenpyramide, die die gleiche Bedeutung hatte wie diejenige, die euch unter dem Namen Cheopspyramide bekannt ist. Damit ist bereits gesagt, dass auch diese Pyramide von außerirdischen Baumeistern errichtet wurde. Sie diente als Orientierungshilfe und zur Energieversorgung für die Raumschiffe der „Götter", die auch in diesem Falle eine Betreuungsmission für ihre in die irdische Schulungsstätte übersiedelten planetaren Geschwister übernommen haben. Damit ist bereits die nächste Frage beantwortet. Diese Menschenrasse mit gelblicher Hautfarbe stammt aus einem anderen Sonnensystem, das aber noch zur gleichen Systemgruppe zählt, dem auch eure Sonne angehört. Diese Aussage gilt auch für alle anderen auf die Erde gebrachten Volksgruppen, welche die kosmisch bedingte Höherentwicklung ihrer eigenen planetaren Schulungsstätte durch ihre widerstrebende Haltung behinderten.

Der Bau der Riesenpyramide in der Provinz Shensi liegt etwa 10.000 Jahre zurück und hat demnach das gleiche Alter wie die ägyptische Cheopspyramide. Die Farbreste, die an dieser Großpyramide entdeckt wurden, haben keine besondere Bedeutung. Die unterschiedliche Farbgebung der Pyramidenflächen diente lediglich einer leichteren Erkennbarkeit und Orientierung für die anfliegenden Raumschiffe. Die Ausrichtung einer Seitenfläche der Pyramide genau nach dem magnetischen Nordpol der Erde hängt mit den kosmischen Energiegesetzen zusammen.

Auch diese Pyramide besitzt Hohlräume und Gänge, die nach bautechnischen Grundsätzen angeordnet wurden und keinen symbolischen Aussagewert besitzen. Aber es gibt natürlich auch eine sogenannte „Königskammer" mit „Sarkophag", also eine frühere Zentrale für den Empfang und die Speicherung sowie

Verteilung von Energie aus dem Kosmos zur Versorgung der Raumschiffe und zur Deckung des Bedarfs für die Bevölkerung. Pyramiden wurden aber nicht nur auf der Erde errichtet, sondern auch auf anderen Planeten, soweit sie zur Energieversorgung und als Orientierungshilfe für die Raumschiffe benötigt wurden. Dieses Verfahren gehört allerdings einer längst vergangenen Epoche der außerirdischen Raumfahrt an. Inzwischen haben Raumsonden die Orientierungshilfe übernommen, die noch weitergehende Informationen liefern, z.B. über Energiewirbel oder sonstige Unregelmäßigkeiten, die einen Raumflug beeinflussen könnten. Die Angabe der Sonden werden ohne menschliches Zutun von entsprechenden Geräten sofort in Steuerimpulse umgesetzt, so dass ein störungsfreier Flug gewährleistet ist. Die Standorte solcher Orientierungssonden werden dadurch stabilisiert, dass man sie als Zwillingssystem konstruiert hat, dessen beide Hälften um einen Schwerpunkt in Systemmitte kreisen. Auch hier war der Kosmos wieder Vorbild für eine technische Hilfe des Menschen.

Woher stammt die chinesische Auffassung, diese Pyramide mit „Zentrum der Welt" und China mit „Reich der Mitte" zu bezeichnen?
Die Bezeichnung „Reich der Mitte" ist darauf zurückzuführen, dass die Chinesen in der Mitte derjenigen Gebiete angesiedelt wurden, die für die planetaren Übersiedlungsgruppen insgesamt vorgesehen waren. Auch die Bezeichnung „Zentrum der Welt" für ihre Großpyramide geht auf diese Tatsache zurück. Dass sie eine goldgelbe Spitze trug, sollte eigentlich nur ihre diesbezügliche Bedeutung unterstreichen.

Angeblich soll noch eine weitere Großpyramide östlich von Sian existieren? Was liegt dem Tal der Pyramiden zugrunde?
Tatsächlich gibt es neben dieser Shensi-Pyramide noch weitere solcher Bauwerke verschiedener Größen, die sich in einem Tal konzentrieren. Insofern kann man von einem Pyramidenzentrum

in der Provinz Shensi sprechen, was gleichbedeutend ist mit einem Energieerzeugungszentrum, von dem aus die Siedlungen versorgt wurden. Als letzte wurde noch eine weitere Großpyramide östlich des heutigen Sian errichtet, um den ansteigenden Energiebedarf zu decken. Auch damals gab es schon dieses Problem, dessen Lösung jedoch keine Schwierigkeiten bereitete. Dies hört sich zwar sehr neuzeitlich an, ist aber wie folgt zu erklären: Die Übersiedlung der Chinesen als Restgruppe eines planetaren Volkes beschränkte sich zunächst auf eine Anzahl von mehreren tausend Angehörige, die im heutigen China eine wohl vorbereitete neue Heimat mit allen Lebensvoraussetzungen vorfanden. Dies führte dazu, dass entwicklungsunwillige Seelen, die nicht mehr in ihrem angestammten Volk inkarnieren konnten, weil der betreffende Wohnplanet inzwischen eine höhere Lebensstufe erreicht hatte, nunmehr ihren weiteren Läuterungszyklus auf dieser Erde, und zwar im chinesischen Volk aufnehmen wollten. Die inzwischen ansässig gewordenen Übersiedler haben sich dazu bereitgefunden und zogen die zur Reinkarnation heranstehenden Seelen an. Aus diesem Grunde wuchs die chinesische Bevölkerung rasch an und bedurfte deshalb auch einer intensiveren Betreuung. Dies kommt auch darin zum Ausdruck, dass viele freiwillige Inkarnationen stattfanden, die dem chinesischen Volk immer den Anschluss an die Weisheitslehren seiner verlorenen Heimat ermöglichte. Trotz aller Bemühungen ließ sich jedoch ein allmählicher Verfall seiner Hochkultur nicht mehr aufhalten, und die Tradition, die in den alten Kaiserdynastien gepflegt und fortgeführt wurde, wich zunehmend negativen Einflüssen, die sich bis heute fortsetzten. So musste auch diese Hoffnung einer außerirdischen Bruderschaftshilfe begraben werden.

Was gibt es zur **Grabstätte des Kaisers Ch'in Shih Huang-ti** mit 6000 Kriegern in glasiertem Ton als Grabbeigabe zu sagen? *Es bestätigt eigentlich nur das Vorhergesagte. Denn der genannte Kaiser konnte sich auch nach seinem Tod von dem Heer wohlgerüsteter Krieger nicht trennen. Sein Denken in den Gelüsten* der Machtausübung hat ihn nicht einmal im Grabe ruhen lassen. Dieser Stachel der Selbstüberheblichkeit sitzt auch heute noch tief im Fleisch der Diktatoren. Über das chinesische Volk wurde schon viel geschrieben und gerätselt. Es passt infolge seiner totalen Andersartigkeit in kein Schema der irdisch-menschlichen Entwicklungslehre, denn ein uraltes Wissen und ein mythisches Brauchtum von teilweise absonderlichem Charakter bestimmten die geistige Größe dieses Volkes bis in die Gegenwart, wenn es auch jetzt mehr oder weniger verschüttet wurde durch politische Ideologien. Welche Bewandtnis hat es zum Beispiel mit dem Drachensymbol, das in vielfältigen Darstellungen das Denken der alten Chinesen beherrschte? Meist ist es ein feuerspeiender Drache mit Flügeln, der mit den Bewegungen einer Schlange simuliert wird. Die Erklärung ist einfach: Die früheren großen Raumschiffe, mit denen die Übersiedlungen vonstatten gingen, waren bei weitem noch nicht so perfekt, wie sie es heute sind. Insbesondere haperte es mit der kontinuierlichen Versorgung mit kosmischer Energie im Bereich des Gravitationsfeldes eines Planeten. Um nun den Energieverbrauch möglichst gering zu halten, wurde während des Fluges in Erdnähe die Antigravitation nur intervallweise eingeschaltet. Dieser Einsparungstrick hatte zur Folge, dass das Schiff schlangenartige Bewegungen ausführte, die bei den irdischen Betrachtern leicht den Eindruck eines fliegenden Ungeheuers entstehen ließ. Die Vorstellung eines feuerspeienden Drachens als ein riesiges Himmelstier wurde dadurch hervorgerufen, dass die langen zylinderförmigen Raumschiffe im Rhythmus der Energieschaltung in einer sie umgebenden Aura aufleuchteten infolge einer Ionisierung der Luftmoleküle. Die menschliche Phantasie tat dann ein übriges, um aus den Raumfahrzeugen der „Götter" ein Symbol des Unheimlichen zu machen. Wen wundert es, dass diese eindrucksvolle Demonstration vom Himmel auf die Erde übertragen und bei Festen und Umzügen mit furchterregenden Masken und sonstigem Beiwerk als entsprechende Begleitung aufgeboten wurde. Auch die frühchinesische Pyrotechnik ist auf den gleichen Umstand zurückzuführen.

124

Diese in späteren Zeiten zu mythologischen Darstellungen abge-
wandelten raumflug-technischen Erscheinungen finden sich in
vielen Volkssagen und sonstigen Überlieferungen alter Völker,
z.B. in Form von gefiederten Himmelsschlangen. Selbst in der
Bibel, im Buch Mose, ist die Rede von einer Feuersäule, die des
nachts, und von einer Wolkensäule, die am Tage den Auszug der
Israeliten aus ägyptischer Gefangenschaft und ihren Zug durch
die Wüste begleitete. (Vgl. 2. Mose 13,21; 2. Mose 14,19;
16,10;24,1-18; 33,9 u. 10; 40,34-37; 4. Mose 9,1-23;) Diese De-
finition trifft das Erscheinungsbild noch am besten, wie auch heu-
tige Sichtungen bestätigen, weil bei den inzwischen verbesserten
Raumschiffkonstruktionen der Nachteil eines zu hohen Energie-
verbrauchs nicht mehr besteht. Die Verweildauer eines Raum-
schiffes in Planetennähe ist deshalb praktisch unbegrenzt.

Wir können die exakte Bauweise der **Chinesischen Mauer** und
die saubere Bearbeitung der Mauersteine bewundern, aber auch
die geschickte Nutzung vorhandener Felspartien. 6000 Kilometer
weit windet sich das riesige Bollwerk, versehen mit Hunderten
von Wachtürmen. Die Krone der Mauer, früher auch als sichere
Karawanenstraße genutzt, ist 5 bis 6 m breit. Es wurden etwa 400
Millionen Kubikmeter Steine verbaut. Betrug die Bauzeit auch
Jahrzehnte, so müssen wir doch heute noch die gewaltige Arbeits-
leistung und das große technische und organisatorische Können
des alten chinesischen Volkes bewundern (Aus einem Reisebe-
richt).

Dieses Bauwerk, das Ihr die „Chinesische Mauer" nennt, wurde
ebenfalls von den außerirdischen Betreuern errichtet, allerdings
erst zu einem relativ späten Zeitpunkt, als nämlich die Zahl ihrer
Schützlinge durch natürliche Nachkommenschaft (in dieser Be-
ziehung zeigten sie kein Phlegma) sich so stark vergrößerte, dass
eine Abwanderung drohte in Gebiete, die für eine Betreuung als
nicht mehr geeignet erschienen. Dies war der Grund für die Er-
richtung einer Grenzmauer. Es wäre den damaligen Menschen
ohne außerirdische Hilfe unmöglich gewesen, ein solches Bau-

werk zu errichten. Aber auch der von den Geschichtsforschern angenommene Zweck, nämlich ein Bollwerk zu schaffen gegen mögliche unerwünschte Eindringlinge in das „Reich der Mitte", ist richtig. Die Mauer hatte deshalb eine Doppelfunktion; die Wachtürme dienten ausschließlich dem zweitgenannten Zweck. Auch darin sieht man wieder den Beweis, dass die außerirdischen Betreuer keine Möglichkeit außer Acht ließen, die für ihre Schützlinge eine Gefahr bedeutet hätte. Auch in Peru und an anderen Orten finden wir solche Zeugen außerirdischer Vorsorge. Ob dies nun Mauern sind oder sonstige Grenzzeichen, immer waren die „Götter" darauf bedacht, dass keine Fremdeinflüsse ihre Betreuungsmission stören konnten. Dies erklärt auch die Tatsache, dass durch die ganze Menschheitsgeschichte jedes Volk bestrebt war, sich durch Abgrenzungen und Verteidigungsmaßnahmen in seiner Eigenart zu behaupten. Das gilt bis zum heutigen Tag, da politische Gegensätze diese Art der Selbstbehauptung bis zu kriegerischen Auseinandersetzungen gesteigert haben. Unter diesen gegenwärtigen Verhältnissen kann man sich nur schwer vorstellen, dass der natürliche Zustand einer kosmischen Entwicklungsschule, wie sie jeder Wohnplanet darstellt, eine in sich geschlossene Menschheits-Gemeinschaft ist. Doch mit Eintritt in das neue Weltzeitalter, das vor der Türe steht, wird auch für die Erde dieser natürliche Zustand wieder Wirklichkeit werden.

Indien

Woher rührt die heutige unterentwickelte Situation mit der großen Armut der indischen Bevölkerung, die doch einen Mahatma Gandhi und andere geistige Führer von Bedeutung hervorgebracht hat? Die geistige Größe Alt-Indiens hat ihren Niederschlag auch in den jahrtausend alten Veden gefunden. Sind die Texte, zum Beispiel die Hymne des Friedens: „Möge Friede herrschen wie in den Welten der Götter, so auch auf Erden...", außerirdischen Ursprungs? Sind die Inder auch Übersiedler von anderen Wohnplaneten?

Das indische Volk hat in der Tat eine große Vergangenheit. Leider ist es auch hier so, dass dieses Volk in der Bewahrung seiner ihm verliehenen geistigen Werte versagt hat und nunmehr in die Lage von Entwicklungsländern geraten ist. Wenn einige große Männer des indischen Volkes angeführt werden, so kann man in ihnen Inkarnationsversuche ursprünglicher Führungsgeistseelen erblicken, um dem geistigen Niedergang ihres Volkes entgegenzusteuern und neue bzw. die alten Impulse eines geistigen Höherstrebens wieder zu erwecken. Bedauerlicherweise ist dies nur in einem sehr bescheidenen Maße gelungen, während sich die große Masse dieses Volkes völlig desinteressiert und apathisch verhält und sich ausschließlich nur der Sorge um den eigenen Lebensunterhalt hingibt. Tiefere Interessen bestehen nicht mehr beziehungsweise sie wurden verlagert auf einige wenige Zentren religiösen Lebens, die aber auch nur Oasen in der vorherrschenden Wüste der geistigen Bedürfnislosigkeit darstellen. Es soll jedoch nicht verkannt werden, dass diese religiösen Zentren eine enorme Ausstrahlungskraft besitzen und sogar die Welt des westlichen Denken in einer Weise beeinflussen, die die christlichen Kirchen des Abendlandes in manche Verlegenheit bringen, insbesondere was die Meditation betrifft, war doch diese Art der inneren Versenkung den verweltlichten Konfessionen des Westens nicht geläufig. Schließlich gehört jedoch heute bereits die Meditation zum Rüstzeug der christlichen Kirchen (soweit sie nicht sektiererisch verstockt sind) als ein Wertfaktor, mit dem insbesondere die Jugend angesprochen werden kann. Und dies nicht ohne Grund, denn die heutige Jugend befindet sich auf dem Wege der allmählichen Abkehr von der Schalheit und Seelenlosigkeit der sogenannten Wohlstandsgesellschaft und sucht nun nach neuen Maßstäben, die ihr einen Halt und eine Richtung bieten können, nach denen sie sich im Grunde ihres Herzens sehnt. Wenn auch dabei noch viele Entgleisungen zu verzeichnen sind bis hin zum Rauschgiftkonsum, so ist in diesem Verlangen doch eindeutig die

Tendenz nach höheren Lebenswertbegriffen erkennbar, die letzten Endes bereits mit Lichtstrahlen aus dem anbrechenden neuen Zeitalter vergleichbar sind. Aber nochmals zurück zu Indien: Wie bereits vermutet, handelt es sich bei den altindischen Veden um überlieferte Texte außerirdischer Herkunft. Dies lässt sich geradezu eindeutig aus der angeführten Textstelle der „Hymne des Friedens" ableiten, denn die „Welten der Götter", wie sie hier genannt werden, bezeichnen nichts anderes als die Planeten, von denen die indische Rasse ausgesiedelt wurde wegen ihrer Unwilligkeit, sich dem höheren Entwicklungsprozess ihrer Sternengeschwister anzuschließen. Auch in diesem Übersiedlungsfalle bestand lange Zeit hindurch Kontakt mit dem Heimatplaneten durch Besuche mittels Raumschiff, bis eben auch hier die Entwicklungsunterschiede so groß geworden waren, dass keine Verständigung mehr zustande kam und die weiterhin stattgefundenen Besuche der Außerirdischen zu „Götterbesuchen" umgemünzt wurden. So erlebt die heutige Menschheit gerade am Beispiel der indischen Rasse, wie durch geistige Trägheit und Fortschrittsunwilligkeit ein Zustand eintritt, der auf einen ganzen Planeten hemmend wirkt, denn die indische Rasse hatte, wie keine andere, die Möglichkeit einer geistigen Befruchtung der ganzen Menschheit mitgebracht. Dies ist heute noch in den wunderbaren Tiefen ihrer überlieferten heiligen Schriften erkennbar, die nur zum Teil in dem heute praktizierten Buddhismus Eingang gefunden haben. Aber auch dieses Volk wird wieder Anschluss finden an den unaufhaltsamen Fortschritt der Lebenskreise des Kosmos, begleitet von den betreuenden Händen seiner einstigen Brüder und Schwestern als Sinnbild der unzerreißbaren Einheit der universellen Menschheit.

Mittel- und Südamerika

Wer baute die einstigen Tempelstädte der **Mayas**? Woher kommen sie? Wie ist das mysteriöse Verschwinden der Mayas vor dem Vordringen der spanischen Eroberer zu erklären? Ist das Volk der Lakandonen das Restvolk der Mayas im Bergland von Guatemala? Was bedeuten die Scharrbilder auf der Hochebene von **Nazca**? Was sagt die Reliefplatte von **Palenque** aus?

Die Mayas waren ein hochstehendes Kulturvolk im heutigen Mexiko. Sie erreichten ihre Hochblüte etwa um 600 nach Christi Geburt. Ihr rätselhaftes Verschwinden ist darauf zurückzuführen, dass sie von ihren „außerirdischen Betreuern" vor der Zerstörungswut der spanischen Eindringlinge gewarnt wurden, so dass sie sich zum größten Teil rechtzeitig in Sicherheit bringen konnten. Sie haben ihre Tempelstädte verlassen und zogen in das Grenzgebiet von Guatemala, wo heute noch Reste dieses einst blühenden Kulturvolkes unter ärmlichsten Verhältnissen leben. Es sind dies die Lakandonen. Wie schon erwähnt, hatten die Mayas Verbindung mit außerirdischen Helfern und Betreuern, weil auch sie zu den Übersiedlern von anderen Planeten zählten. Allerdings waren sie die letzten, die auf dem Planeten Erde angesiedelt wurden, und daher erstreckte sich auch die Betreuungszeit durch ihre außerirdischen Brüder und Schwestern bis in die Frühzeit der amerikanischen Geschichte. Die Pyramidenbaukunst ist mit ihrer heimatlichen Kultur verwurzelt; sie wurde weiter gepflegt unter Anleitung ihrer Heimatgeschwister, die ihnen die erforderliche technische Hilfe leisteten. Die immer wieder verblüffende Maßgenauigkeit der Pyramidensteine wurde auf die gleiche Weise erreicht, die Ihr bei der Bautechnik der ägyptischen Pyramiden kennen gelernt habt, also durch die Verwendung von kosmischer Energie mittels eines technischen Gerätes (ähnlich dem heutigen Laserstrahlgerät), mit dem die Quaderblöcke millimetergenau zugerichtet werden konnten. Auch der Transport und die Aufschichtung bereitete keine Schwierigkeit, da dies alles durch Aufhebung der Schwerkraft vonstatten ging.

So war vom Äußeren her für alles gesorgt worden, um den zurückgebliebenen Brüdern und Schwestern die besten Voraussetzungen für eine geistige Höherentwicklung zu schaffen. Selbst die natürliche Umgebung war nicht so sehr verschieden von ihrem verlassenen Paradies, das ihnen eben wegen des sorgenfreien Lebens in einer üppigen Natur zum Verhängnis geworden ist.

Bekanntlich ist Müßiggang aller Laster Anfang, und dieses Sprichwort hat sich bei diesem Volk auf einem weit entfernten Planeten bewahrheitet. Es war alles da, in Hülle und Fülle, was zum Lebensunterhalt benötigt wurde. Es mangelte lediglich am Willen, dies wunderbare Geschenk umzumünzen in einen geistigen Fortschritt. Und obwohl immer wieder viele liebende Versuche ihrer fortgeschrittenen Planetengeschwister unternommen wurden, die Mayas, wie sie schon auf ihrem Heimatplaneten hießen, zu einem geistigen Weiterschreiten anzuregen, verfielen sie mehr und mehr der Lethargie und Degeneration. Eine Überbrückung der Unterschiede war nicht mehr möglich, so dass nur noch die Übersiedelung auf den Stern Erde übrig blieb, damit keine Hemmung in der gesamten planetaren Entwicklung eintreten konnte. Denn auch dieser ferne Planet war ja an den Entwicklungszyklus seines Sonnensystems gebunden und musste sich daher vom Entwicklungsunwilligen trennen, so wie dies zwangsläufig nunmehr auch bei der kosmisch bedingten Wandlung der Erde geschehen wird. So wurden also die Mayas mit Raumschiffen zur Erde gebracht mit dem Versprechen, dass ihnen ihre gewohnte Umgebung geschaffen wird und dass ihnen jegliche Hilfe während der Anpassungszeit zuteil wird. Und dies geschah auch. In kürzester Zeit entstanden ganze Städte mit den heute noch bewunderten Tempelanlagen und Pyramiden, die zum Teil auch der Energiegewinnung dienten. Die Priester der Mayas verfielen nun leider durch negative Inspirationen in einen Kult des Blutopfers, was in den verschiedenen Büchern über die Maya-Kultur meist richtig dargestellt ist. Es waren aber ursprünglich nicht die Mayas selbst, die den Gedanken des Herzopfers zur kultischen Perversion erhoben, vielmehr waren es dekadente Einflüsse anderer

Stämme, die schließlich in die Zeremonien der Maya-Priester Eingang gefunden haben. Man muss bedenken, dass zu dieser Zeit bereits kriegerische Auseinandersetzungen zwischen rivalisierenden Stämmen der Indios stattfanden, so dass Rache und Blutopfer auch in die kultischen Handlungen einbezogen wurden. Ursprünglich jedoch führten die Mayas ihr Leben in tiefer Religiosität, die in der Verehrung des Kosmos und seiner Rätsel gipfelte. Darin ist der Beweis zu sehen, dass die Mayas nicht irdischer Herkunft sind, sondern dass ihre Heimat ein Wohnplanet ist, weit außerhalb des Sonnensystems, auf dem eine Gemeinsamkeit zwischen Wissenschaft und Religion die Grundlage ihres Lebens bildete. Da aber nun die Führungsschicht dieses Volkes selbst den kulturellen Untergang durch ihr Verhalten einleitete, konnte auch von außerirdischer Seite nichts mehr zur Rettung bzw. zur Fortschrittsanregung unternommen werden. Ihre Heimatgeschwister mussten sich daher betrübten Herzens zurückziehen, nicht ohne die eingangs erwähnte Warnung vor dem Einfall der spanischen Eroberer, die allerdings dann in ihrem blinden religiösen Fanatismus alles zerstörten, was auf eine „heidnische" Kultur hindeutete, der sie aber andererseits nicht daran hinderte, alles Wertvolle an Kulturgütern, insbesondere natürlich Goldgegenstände, rücksichtslos zu rauben und für die spanische Krone zu konfiszieren. Vieles ging davon auf dem Transport durch Unachtsamkeit und Habgier verloren und zum Teil mitsamt den Schiffen unter.

Abbildung 69: Reliefplatte

Zu Abbildung 69:
Was heute noch in den Tempelruinen zu sehen ist, mag dem Betrachter manche unlösbaren Rätsel aufgeben. So ist u.a. auch ein Streit ausgebrochen über den Sinn der Darstellung auf der berühmten Reliefplatte von **Palenque**, die Erich von Däniken als Bild eines Raumfahrers deutete. Er hat in diesem Falle nicht recht, denn die Raumfahrer dieser Zeit waren bereits perfekte Astronauten mit ebenso perfekten Raumfahrzeugen, während das Bild auf der Reliefplatte eine sehr primitive Ausführung eines Raumfahrers darstellen würde.

Bei dieser Darstellung handelt es sich um ein irdisches Fortbewegungsmittel, das den Mayas als technisches Geschenk ihrer Raumbrüder zur Verfügung stand und das ihnen erlaubte, mit ihren Nachbarstädten Verbindung zu halten. Das Gerät funktionierte nach dem Antigravitationsprinzip und konnte für kurze Flugstrecken benutzt werden. Deshalb auch die „windschlüpfrige" Haltung des dargestellten Boten. Auf die außerirdischen Besuche weisen auch die bis heute nicht enträtselten sogenannten Scharrbilder auf der Hochebene von Nazca in Peru hin, die Erich von Däniken als Landezeichen der „Götterastronauten" richtig gedeutet hat. Die dabei verwendeten Tiersymbole waren die Er-

kennungszeichen der verschiedenen Volksstämme der Mayas und Inkas, die sie sich schon auf ihrem Heimatplaneten zugelegt hatten. Sie wollten dadurch noch ihre Verbundenheit mit ihrer verlassenen Heimat zum Ausdruck bringen. Die Ebene von Nazca hat zwar mit den Mayas nicht unmittelbar etwas zu tun; trotzdem besteht ein Zusammenhang in der Weise, dass diese Hochebene in Peru als Kommunikationsstützpunkt für die außerirdischen Betreuer diente. Denn es waren ja nicht nur die dortigen Stämme der Inkas, die von einem anderen Planeten übersiedelt wurden, sondern vor ihnen schon viele andere Restgruppen planetarer Völker. Darauf deutet schon die ungleichartige Zusammensetzung der irdischen Menschheit hin.

Abbildung 70: Runder Turm in Peru

Zu Abbildung 70:

Welche Bedeutung hatte der merkwürdige runde Turm in **Peru**, der ohne Zweifel in Zusammenhang steht mit den außerirdischen baulichen Hinterlassenschaften in diesem Gebiet?

Die Bedeutung dieses Turmes ist darin zu sehen, dass er eine Art Grenzmarkierung darstellte. Die seinerzeit ausgesiedelte Rasse, die sich „Inka" nannte, sollte sich auf einem bestimmten Territorium ihr neues Leben einrichten. Dies war notwendig, um die betreuende Hilfe der „Götter" am wirksamsten werden zu lassen. Hätten die Inkas kein bestimmtes Territorium zugewiesen bekommen, dann wäre es wohl unmöglich gewesen, sie als Restgruppe eines anderen planetaren Volkes zusammenzuhalten und zu betreuen. Das Neuartige ihres Aussiedlungsgebietes wäre viel zu verlockend gewesen, als dass sie den Entdeckungsreisen hätten widerstehen können. Trotz dieser Bewegungseinschränkung und Konzentrierung der Schützlinge auf ein bestimmtes Gebiet gelang es den „Göttern" nicht, die tiefsitzende Ablehnung, sich dem geistigen Fortschritt zu öffnen, in Willensstärke umzuwandeln und den Anschluss an ihr ursprüngliches planetares Volk wieder herzustellen. Ein Hauch von Verlassenheit haftet den heutigen Nachkommen der Inkas noch an.

Nachzüglerschule Planet Erde

Immer war es derselbe Grund, nämlich die Absonderung der geistig Trägen und Fortschrittsunwilligen, der diese Aktionen auslöste. Es gibt einen Zusammenschluss von fast hundert höherentwickelten Planetenmenschheiten in unserer galaktischen Nachbarschaft, die alle mehr oder weniger unter dem gleichen Problem zu leiden hatten und deshalb auch gemeinsam nach einer Lösung suchten. Diese bestand darin, dass ein „Nachzüglerplanet" in einem anderen Sonnensystem mit etwa den gleichen Lebensbedingungen dafür eingerichtet werden sollte, damit die zurückgebliebenen Brüder und Schwestern Gelegenheit finden sollten, ihren Lebens- und Fortschrittswillen zu stärken, um sie wieder Anschluss finden zu lassen an die Lebensebene ihres Heimatvolkes. Für eine solche Nachzüglerschule wurde der dritte Planet unseres Sonnensystems ausgewählt, weil er die gewünschten Voraussetzungen am ehesten bot. Es war selbstverständlich, dass zwischen Heimatplanet und den ausgesiedelten Geschwistern liebevolle Kontakte aufrechterhalten wurden und die eigene überragende Technik bei der Schaffung günstiger Lebens- und Entwicklungsverhältnisse zum Einsatz gelangte. Diese im einzelnen zu schildern würde jedoch zu weit führen. Viele, heute noch ungelöste Rätsel versunkener Kulturen würden jedoch unter Einbeziehung dieses Gesichtspunktes einer Lösung zugeführt werden können. So auch die Scharrbilder von Nazca, die, wie bereits erwähnt, nichts anderes darstellen als die Erkennungsmerkmale derjenigen Volksstämme, die von den „Göttern", also von ihren außerirdischen Betreuern, regelmäßig mit Raumschiffen besucht wurden. Dies ist die einfache Erklärung für die Tatsache, dass diese Symbole nur aus der Luft erkannt werden können. Wir sind uns allerdings klar darüber, dass diese Erklärung von der einschlägigen Wissenschaft heute noch nicht akzeptiert werden kann, genau so wenig wie das plötzliche Auftauchen von Volksgruppen, dessen Ursache eben auch in der planetaren Übersiedlung zu suchen ist. Und wenn jetzt wieder ein großer Exodus bevorsteht, so werden es wieder „Götterastronauten" sein, die in der Anpassungsphase des neuen Läuterungskreislaufes die Betreuung der zurückgebliebenen Geschwister übernehmen werden, bis auch der letzte Unbelehrbare schließlich durch die Kraft der Liebe den Anschluss auf dem Weg der Religion wiederfindet.

Nachwort

In diesem Buch wurde versucht, anhand von belegbaren Tatsachen den Nachweis zu führen, dass das Problem der sogenannten Unbekannten Flug-Objekte keine Angelegenheit der Neuzeit ist, sondern im Gegenteil geradezu ein Begleitumstand unserer ganzen Menschheitsgeschichte war. Dies zu begreifen fällt jedem schwer, der sich bisher an die geläufigen Erklärungen und Vorstellungen von Wissenschaft und Kirche gehalten hat, ohne jedoch eine befriedigende Orientierung und Antwort auf die Fragen des Woher und Wohin der Menschheit erhalten zu haben.

Wenn man allerdings nur den Stand unseres heutigen physikalischen Wissens zum Beurteilungsmaßstab für die Frage macht, ob eine Überwindung von Lichtjahrentfernungen dem Menschen möglich sei, dann wundert es nicht, dass nur wenige weitschauende Wissenschaftler bereit sind, das UFO-Phänomen als einen ernsthaften Forschungsgegenstand anzuerkennen und ihm ohne Voreingenommenheit zu begegnen.

Wir befinden uns auf der untersten Stufe einer Entwicklung, die wir mit dem Begriff „Kosmisches Erwachen" bezeichnen könnten. Dementsprechend wird sich zukünftig unser Bewusstsein bis zur Erkenntnis der Allverbundenheit allen Lebens erweitern. Parallel dazu werden sich technische Möglichkeiten eröffnen, die kosmischen Energiegesetze kennen zu lernen und für eine wirkliche Raumfahrt nutzbar zu machen.

Dann wird der Erdenbewohner betrübt feststellen müssen, dass er bisher falsche Wege gegangen ist, indem er die alttestamentliche Aufforderung „Macht euch die Erde untertan" als Alibi zur rücksichtslosen Ausbeutung bis an den Rand der Selbstzerstörung in Anspruch nahm und dem Irrtum einer materialistischen Denkweise huldigte.

Nun gilt es, sich für neue Horizonte des Wissens bereitzuhalten und die Erkenntnisse unserer gegenwärtigen wissenschaftlichen Weltbildes auf ihre universelle Gültigkeit vor dem hereinbrechenden Licht anderer Welten zu überprüfen. Mit irdischer Eigenwilligkeit und Anmaßung wird nichts erreicht, wohl aber gibt sich dem aufgeschlossenen und demutsvollen Wahrheitssucher eine Kraft zu erkennen, die bereits die höheren geistigen Eigenschaften des kommenden neuen Weltzeitalters in sich trägt. Es dauert nicht mehr lange, bis sie den ganzen Planeten erfasst und ihn im neuen Gewand der Großfamilie seiner älteren Schwesterwelten zuführen wird.

Aus den Sphären des Lichts

*„**H**abt keine Angst vor der Zukunft! Seid euch klar darüber, dass Ihr keinem unabänderlichen Schicksal ausgeliefert seid, sondern dass Ihr Kinder Gottes seid und als solche teilhabt an der Universalität des Lebens, das keine Begrenzung nach Zeit und Raum kennt.*

Legt eure selbstgeschmiedeten Fesseln ab, die euch daran hindern, den göttlichen Geist in euren Gedanken, Worten und Taten zum Ausdruck zu bringen.

Lasst euch nicht mehr länger von den Mächten eines materiegebundenen Denkens versklaven, das euch doch nur die Werte des Vergänglichen zu bieten vermag, während eure Seele nach der Substanz des Ewigen hungert.

Kehrt euch ab von den Versprechungen, die euch das Lebensziel in den Reichen dieser Welt vorgaukeln, ohne zu wissen, dass diese nur Stufen sind, um aus Erfahrung und Leid zu lernen.

Nie kann sich ein Mensch außerhalb der göttlichen All-Gemeinschaft stellen, denn:

„Alles Sein hat die gleiche Quelle
und alle Verschiedenheit ist der Reichtum der Einheit,
weil Alles im Einen und das Eine in Allem ist...""

Erster Erlebnisbericht

Fünf Freunde und mich ereilte eines Tages ein Ruf. Er kam vom letzten der sieben antiken Weltwunder, den Pyramiden von Gizeh.

Wir, das sind ein pensionierter Zahnarzt, eine Psychotherapeutin, ein mobiler Hausmeister, ein Lehrer, ein Student und ich als Buchhändler und Verleger. Mir wurde schon bald klar, dass es kein Urlaub im herkömmlichen Sinne werden sollte, sondern Arbeit. Kaum waren wir 10 Stunden in Kairo und mitten auf dem Weg zum Ägyptischen Museum, sprach uns ein Mann an, Rashid sein Name, der uns fragte, was wir denn suchten. Wir wurden Freunde. Von da an sahen wir uns jeden Tag und verbrachten die meiste Zeit zusammen. Er führte uns in Kairo zu versteckten Plätzen, auf dem Pyramidengelände führte er uns zu noch versteckteren Kammern.

Dann kam endlich der Zeitpunkt, dass ich die Pyramiden zum ersten Mal aus weiter Ferne durch die Autoscheibe sah. Aufregung durchflutete meine Seele. Als ich schließlich vor ihnen stand, hatte ich ein Gefühl, als ob Zeit und Raum verschmelzen würden. Ich befand mich irgendwo, vielleicht im Antiuniversum, anwesend und doch weit entfernt. Ich wusste tief in meiner Seele, dass diese großartigen Bauwerke keine irdischen Erbauer hatten. Und fragte mich gleichzeitig, wie Menschen dies überhaupt jemals anzweifeln konnten. Ich wusste jetzt tief in meinem Inneren, warum ich hier war. Ich sollte meine abgerissenen Verbindungen zu meinem göttlichen Zuhause wieder aufbauen. Genau hier, bei diesen grandiosen Pyramiden. Genau hier, wo starke kosmische Energien wirken.

Die nächsten Tage vergingen, bis zu dem Tag der absoluten Krönung: Rashid ermöglichte uns einen einstündigen Aufenthalt in der Königskammer der Cheops-Pyramide. Die Königskammer war zu dieser Zeit seit Jahren geschlossen. Wegen Restaurierungsarbeiten und als Vorbereitung für die Jahrtausendwende.

(Mittlerweile ist die Kammer wieder für jeden zugänglich.) Nach Stunden des Wartens, des Hoffens und Bangens, kam unser ägyptischer Freund auf uns zugelaufen. Mit einer Sondergenehmigung in der Hand. Wir durften in die Königskammer! Unfassbar. Wir sechs allein in der Königskammer. Wie das göttliche Geschick dieses Erlebnis führte, wurde uns erst hinterher richtig klar. Der Chef der Aufsichtsbehörde der Pyramiden war zu jener Zeit gerade in Europa auf Urlaubsreise. Und dieser gute Mann war rigoros gegen Meditationen und jegliche spirituellen Gruppen eingestellt. Der Vertreter des Chefs war aber nun der beste Freund Rashids. Er hatte logischerweise nichts dagegen. An diesem Tag, als wir in der Königskammer verweilten, hörten zudem die Bauarbeiten genau in dieser Zeit auf. Es herrschte absolute Stille. Stille in diesem majestätischen Bauwerk. Und Stille ist nicht gleich Stille. Diese Stille war anders. Diese Stille war heilig.

Und die Energien waren überwältigend. Mit Sicherheit machten sich die Jahre ohne die vielen Touristen positiv in der Königskammer bemerkbar. Eine Klarheit herrschte, die meine Seele innerhalb weniger Sekunden zentrierte. Wir hatten eine Stunde Zeit. 10 Minuten Aufstieg in die Königskammer, 10 Minuten Abstieg. Es blieben uns ungefähr 40 Minuten. Wir stimmten uns auf uns und diesen faszinierenden Raum ein, in dem nur ein Sarkophag steht. Jeder von uns hatte dann ca. 7 Minuten Zeit, sich in den Sarkophag zu legen. Als dritter war ich an der Reihe. Ich war auf einmal so ruhig und gleichzeitig so aufgewühlt wie noch nie zuvor in meinem Leben. Ich hatte das Gefühl, als ob ich innerlich verbrenne und mein ganzes Leben, meine ganze Vergangenheit, meine ganze Zukunft an mir vorbeizog. Ich fühlte mich heil auf allen Ebenen. Es ist immer noch unbegreiflich. Auch in diesem Moment des Niederschreibens. Die Stunde in der Königskammer kam mir vor wie drei Minuten. Mir wurde die geistige Führung klar, welche Vorkehrungen getroffen wurden, dass wir einfach so die Möglichkeit hatten, dies zu erleben. Und gleichzeitig wusste ich, dass es nicht zu unserem Entzücken geschah. Es hatte einen tieferen Sinn. Eine Stunde, nachdem wir die Königskammer verlassen hatten, sollte ich erfahren, warum dieses Erlebnis für mich wichtig war. Warum ich in die Königskammer musste. Ich betone das ‚musste'.

Nach diesem großartigen Erlebnis brauchten wir einfach nur Ruhe, Ruhe und nochmals Ruhe. Wir setzten uns in der Nähe der Pyramiden in den Schatten. Und bei allen waren eine Stunde später sämtliche seelischen Kanäle auf. Tränen flossen, Glücksgefühle kamen hervor. Nur bei mir nicht. Ich war eine Stunde später in den tiefsten Abgründen meiner Seele. Ich fühlte mich erkaltet, ich fühlte mich allein, verlassen, verloren, ich wollte zurück ins geistige Zuhause. Ich wollte nicht mehr existieren... Ich klagte Gott an, wie er das zulassen konnte. Ich war wütend auf die Pyramide, ich war wütend auf die penetranten Händler, auf die Polizisten auf ihren Kamelen, auf alle Menschen. Ich merkte den ganzen Tag nicht wie ich mich innerlich von den anderen Fünf abwandte. Wie ich mich von Gott abwandte, wie ich mich von allem Leben zurückzog. Wie ich in meinem Selbstmitleid versank. Mir wurde in diesen bitteren Stunden wieder bewusst, dass ich Angst hatte, überhaupt zu inkarnieren. Ich hatte Angst vor dem, was ich mir für dieses Leben vorgenommen habe. Was auch immer das ist. Ich hatte Angst, die Dinge, die ich mir vorgenommen habe, nicht zu schaffen. Minderwertigkeitsgefühle, Opfergefühle, Feigheitsgefühle. Angst, Menschen zu verletzen. Angst, Seelen zu verletzen. Angst, falsch zu urteilen. Ich hatte Angst vor der negativen Welt und der Finsternis. Angst, wieder Gott zu verleugnen und wieder gegen seine Gesetze zu handeln. Angst vor mir selbst, Angst vor meinen Schwächen. Aber auch Angst vor meiner Stärke, Angst, mich mit meinem hohen Wissen ganz tief in mir anzufreunden. Angst vor meiner Seele. Alles fühlte sich dunkel an, schwarz. Kein Licht, es war eng, ich saß in einem Gefängnis ohne Essen, ohne Fenster, ohne Hoffnung. Ich dachte, meine Existenz löschte sich gerade selbst aus. Niemals mehr werde ich leben. Tot. Einfach nur tot. Tot für immer und ewig.

Schließlich wollte ich in dieser Schwärze verschwinden. Ich wollte nur noch sterben.

Fragen tauchten auf. Warum nur hat mein geistiger Lehrer mir gesagt, dass meine erste Inkarnation nicht auf dieser Erde war? Warum fühle ich mich so zu den Sternen hingezogen? „Lese in deinem inneren Buch", hörte ich ihn immer wieder sagen. „Alle Antworten findest du in deinem eigenen inneren Buch". Wut tauchte auf. Klasse. Aber wie? Wie lese ich darin? Jahrelang habe ich keine Antwort erhalten. Und auf einmal war jetzt die Lösung da. Es war ganz einfach. „Schaue Dir Deine Macken und Fehler an. Wo sind deine Stärken? Warum bist du auf diesem Planeten? Was ist deine Lebensaufgabe?"

In die Ängste und die Wut mischten sich Schuld, leidenschaftliche Gefühle der Selbstzerfleischung, alles endend in einer riesigen Depression. Alles war wieder dunkel. Schwarz. Klein. Eng. Gefangen. Schmerz. Tod.

Einen Tag hielten diese intensivsten und grauenhaftesten Gefühle an, die ich jemals empfunden habe. Am nächsten Morgen schloss ich wieder zur Gruppe auf. Aber unter einer riesigen Überwindung, die mir so hoch wie der Mount Everest vorkam. Aber ich schaffte es. Und von da an kam das andere Extrem. Ich fühlte mich immer freudiger. So viel Freude, wie ich sie ebenfalls noch nie empfunden hatte. Ich fühlte mich eins mit Gott, mit allen Menschen, ich wusste, dass alles nur zu meinem Besten geschieht. Ich erkannte, dass diese ganzen Gefühle alter Müll waren, den ich in dieses Leben mitbrachte, um ihn umzuwandeln und loszuwerden. Ich zweifelte nicht mehr an mir selbst. Ich wollte leben, ich wollte das Leben genießen. Ich fühlte mich unbeschwert und neugierig wie ein Baby und sah das Leben als Abenteuer, als Spiel, in dem man eigentlich nichts falsch machen kann, außer nicht auf seine ureigensten, inneren Gefühle zu hören. Ich hätte die ganze Welt umarmen können, fühlte mich aber noch sehr unbeholfen, wie ich mich verhalten sollte. Das zeigte mir, wie sehr ich mich bis dahin sperrte, richtig hier auf der Erde leben zu wollen. Und dann wurde mir klar, was für intensive Energien für mich nötig waren, um diese riesige Blockade zu sprengen, die in meinem Inneren weilte. Die Blockade „Ich-will-nicht-auf-dieser-Erde-sein" war zerbrochen. Ich fürchte, bei mir waren diese riesigen kosmischen Energien in der Pyramide nötig, um wieder den Kontakt zu Gott und zu meiner Seele herzustellen. Diese Energien waren notwendig, um meine innere Not zu wenden.

Wieder in Deutschland, dauerte es keine drei Stunden, bis sich bei mir die körperlichen Reaktionen dieser ganzen Seelenrevolution bemerkbar machten. „Von Null auf Hundert" hatte ich Durchfall, Gliederschmerzen, erhöhte Temperatur, obwohl das Fieberthermometer nichts anzeigte. Drei Tage dauerte diese körperliche Reinigung, bis ich wieder so einigermaßen auf den Beinen war.

144

In Ägypten ist in meinem Leben etwas in Fahrt gekommen, alte Ängste sind aufgebrochen und wurden zu einem großen Teil aus meiner Seele herausgespült. Ich fühle mich noch sehr tollpatschig, denn einige meiner lebenslangen Unsicherheiten sind seit dieser Zeit nicht mehr aufgetaucht. Die Sprengung dieser inneren Blockade war nötig, damit ich überhaupt wieder Kontakt zu meiner Seele bekommen konnte. Meine Seele erhob sich. Sie genoss es, ganz langsam aufzustehen.

Martin Fieber

Zweiter Erlebnisbericht

Meine persönlichen Erlebnisse und Gefühle, die sich während und vor allem nach dem Aufenthalt in der Pyramide ergaben, waren nicht weniger tief, als es bei meinen Freunden der Fall war. Deshalb soll auch meine Schilderung verdeutlichen, wie ich von den Kräften berührt wurde.

Seit Jahren schon beschäftige ich mich mit den Themen Jesus Christus, positives geistiges Reich, Reinkarnation, Außerirdische, Leben nach dem Tod und so weiter. Doch das Abenteuer Cheopspyramide führte mich zu etwas völlig neuem. Doch dazu später.

Die Anziehungskraft, die diese phantastischen Bauwerke auf uns sechs Freunde ausgeübt haben, ließ uns jeden Tag an den Bauten verweilen. Alles andere war vollkommen nebensächlich. Es kam uns zugute, dass die Temperaturen mit durchschnittlich 23 Grad für uns Nordeuropäer äußerst angenehm waren.

Wir verbrachten die Zeit mit Klettern und Sitzen auf den ersten drei Stufen der Pyramide, mit Spaziergängen um sie herum, mit dem Genießen dieses atemberaubenden Anblicks und dem Schweifen lassen der Gedanken.

Es fiel mir schwer, hier vor Ort zu realisieren, dass damals, vor mehreren tausend Jahren, Außerirdische am Werk waren. Steinlaser und Levitationsmaschinen haben hier millimetergenau gearbeitet, um für diesen Planeten einen Energieakkumulator zu erschaffen. Für uns unvorstellbar, warum sich die Santiner eine solche Mühe gemacht haben. Welche Bedeutung hat die Pyramide noch? Und welche Geheimnisse sind in ihr noch verborgen?

Als wir nun die Erlaubnis bekamen, die Cheopspyramide zu betreten, wurde mir doch ein wenig mulmig zumute. Man hat ja schon so manches gehört: Ein Kribbeln am ganzen Körper, Levitationen, Astralreisen und was weiß ich noch alles. Also, Augen auf und durch.

Es war atemberaubend, durch diese Lücke zwischen den aufeinandergetürmten Steinquadern hindurchzutreten. Nachdem wir in das Innere gelangten, kam mir der Gedanke: Hoffentlich stürzt jetzt nicht alles über uns zusammen. Rätselhaft, wie das alles so lange stehen bleiben konnte. Stufen und Gänge führen nach kurzer Zeit in diese lange und hohe, aufwärts führende Halle. Einfach überwältigend. Wir kamen bei dem nun folgenden steilen Aufstieg ganz schön außer Atem, zumal wir uns beeilten. Wir hatten ja nur kurze Zeit zur Verfügung. Wir wollten möglichst viele Minuten in der Königskammer verweilen, damit jeder ein wenig in dem sagenumwobenen Sarkophag liegen konnte.

Interessant, dass nicht eine Hieroglyphe oder Verzierung an den Wänden zu sehen ist. Viele andere Bauten sind übersät mit Schriftzeichen, doch hier, in einem angeblichen Grabmal eines Pharaonen ist nicht ein einziger Hinweis auf sein Leben und seine Taten zu finden, auch nicht in der Königskammer. Somit ist für mich diese Überlieferung mehr als fragwürdig.

Die Königskammer ist sehr spartanisch eingerichtet: Kahle Wände, kahle Decke, kahler Boden und ein großer kahler angebrochener Steintrog, genannt Sarkophag, sonst nichts. Es ist angenehm kühl hier drin.

Ich habe einmal ein Buch gelesen, das lautete: „Die Einweihung" von Elisabeth Haich. An dieses Buch musste ich nun denken und stellte mir vor, wie seinerzeit die beschriebenen Einweihungen hier stattfanden. Nun stand ich hier mit meinen Freunden und sollte mich in diesen ausgehöhlten Stein legen. Nachdem wir uns eingestimmt hatten, legte sich zunächst unser weibliches Mitglied hinein, während wir uns um sie und den Stein herumstellten und die Hände reichten. Nach sieben Minuten verließen sie den Sarkophag und ich konnte einsteigen Da ich über zwei Meter groß bin, passte ich nicht ganz hinein. Mit angewinkelten Knien versuchte ich, es mir einigermaßen gemütlich zu machen, um geschehen lassen zu können. Es gelingt mir nicht, die richtigen Worte für meine Empfindungen zu finden. Die absolute Stille, das Realisieren, dass man in diesem Augenblick in dem gigantischsten und bekanntesten Bauwerk des Planeten liegt, meine Erwartungshaltung, was jetzt mit mir geschehen sollte, das alles hat schon sehr abgelenkt. Jedenfalls war die Zeit ziemlich kurz, zu kurz, um in die Ruhe zu kommen. Nach sieben Minuten und einem kleinen Hinweis meiner Freunde stieg ich aus und reihte mich ein, damit der nächste in die Truhe konnte. Jetzt hatte ich die Gelegenheit, nachklingen zu lassen. Es kam mir vor, als ob ich leichter geworden wäre. Es kribbelte in meinen Händen, im Brustbereich und in den Beinen und Füßen. Ich fühlte mich irgendwie „weiter" an. Ich versuchte, die restliche Zeit dafür zu nutzen, meine Wahrnehmungen zu verinnerlichen. Als wir alle fertig waren, bedankten wir uns bei unseren geistigen Begleitern und verließen die Pyramide. Nachdem wir einen schattigen Platz im Freien gefunden hatten, sprach jeder einzelne über seine Empfindungen und Erlebnisse. Jetzt wurde uns ganz klar, was geschehen war. Die Kraft der Pyramide hat es ermöglicht, dass jeder einzelne von uns auf seine ganz eigene Weise von seiner Seele berührt werden konnte. Zum ersten Mal gelang es mir, etwas zu empfinden und zu verstehen, was mir zwar bekannt war, aber nicht, wie es mich in meiner persönlichen Entwicklung behinderte. Als wenn mir meine Seele zugeflüstert hätte, verstand ich, wie mich meine Eitelkeit an eisernen Ketten in meiner persönlichen Entwicklung zurückhielt. Ich sprach mit meinen Freunden darüber. Sie ermöglichten mir durch ein kleines Ritual, den Weg gegen diese negative Eigenschaft zu beginnen, sie noch besser zu erkennen, an ihr zu arbeiten, um sie im Laufe der Zeit unter die Füße zu bringen. Nach vielen Tränen verwandelte sich nach und nach meine Stimmung. Freude, Freude und noch mehr Freude kam in mir hoch. Ich hätte die Welt umarmen können, so viel Glück empfand ich. Diese Freude begleitete mich noch für mehrere Wochen. Hört sich unwahrscheinlich an, entspricht aber absolut der Wahrheit.

In meinen Augen ist diese Pyramide von den Santinern geschaffen worden, um uns Menschen an unseren Ursprung, an unsere Seele und ein höheres Dasein zu erinnern. Wer sich darauf einlässt und sich dieser Energie öffnet, kann ein vorhandenes Fenster oder vielleicht sogar eine Tür für das Wichtigste öffnen, was er besitzt: Für seine eigene Seele.

Thomas Richter

Die Erbauer der Pyramiden, die Santiner, sind eine außerirdische Menschheit, die sich seit den Zeiten des alten Testaments für die Geschicke unserer Menschheit und unseren Planeten Erde interessieren. Die Santiner waren die Übermittler des Interplanetarischen Gesetz Gottes an Moses. Dieses ursprüngliche Interplanetarische Gesetz teilt sich in die sieben Hauptgebote und die sieben Forderungen auf. Es beweist durch seine tiefe Liebe zu Gott und seiner Schöpfung, wie sehr wir unseren außerirdischen Freunden vertrauen dürfen. Leider wurden durch menschliche Einflussnahme und Verfälschungen diese heiligen Zeilen verändert und daraus ein Torso, die zehn Gebote, gemacht und verbreitet. Über einen medialen Kontakt wurde uns Menschen das Gesetz nochmals geschenkt:

Das Interplanetarische Gesetz Gottes

Die Sieben Hauptgebote

1. Am Anfang war eine raumlose Kraft. Es war der Logos, die höchste Intelligenz. Du bist nicht fähig, diese Kraft und Intelligenz durch irgendein Gleichnis verständlich zu machen. Du darfst überhaupt keine eigenen Betrachtungen anstellen, sondern erkenne mittels deines eigenen Verstandes und Gefühles diese Intelligenz als deinen Schöpfer an. Alles andere Denken in dieser Richtung ist von Übel.

2. Du darfst nicht gegen die Gesetze der Natur handeln und leben; denn du schädigst nicht nur dich und deine Seele, sondern viele deiner Nachkommen, denen dann in keiner Weise mehr zu helfen ist, wenn du die intelligente Schöpfung Gottes geschädigt hast. Du trägst die volle Verantwortung für jedes Leid auf dieser Erde.

3. Du darfst deinen Schöpfer weder verspotten noch verfolgen, selbst wenn du ihn mit deinem eigenen unentwickelten Denken nicht verstehen oder erfassen kannst; denn du bist nicht mehr, sondern weniger als Gott. Darum beschmutze seinen Namen nicht und bringe ihn nicht

in Verbindung mit deinem eigenen Denken. Kritisiere nicht den Logos, denn er ist unfehlbar auf Grund seiner unendlichen Erfahrung und unermesslichen Kraft.

4. Sei unermüdlich tätig, sowohl im Denken als auch im Handeln. Doch wisse, dass der Gedanke die größte Kraft und das höchste Erbe Gottes darstellt. Dein Gedanke ist unermesslich in seiner Auswirkung, jenseitig und diesseitig. Denke mit aller Ehrfurcht an deinen Schöpfer, sowohl in der Zeugung deiner Nachkommen als auch im Gestalten aller Dinge, und schaffe jede Sache nur zum Guten und niemals zur Unehre Gottes und deiner selbst. Achte den unermüdlichen Fleiß des Schöpfers und achte die Arbeit deiner Mitmenschen, die der Schöpfung zur Ehre Gottes im Schweiße dienen.

5. Mache keinen Unterschied zwischen arm und reich, noch einen Unterschied zwischen jung und alt oder zwischen einer Hautfarbe. Ehre die Erfahrungen und achte das Leid. Höre auf den Rat deiner Eltern, sofern sie an Gott, den Schöpfer glauben. Ohne diesen Glauben kannst du vielleicht reich werden, aber niemals glücklich, zufrieden, noch weniger selig werden.

6. Dein Schöpfer wünscht, dass du das Leben in aller Welt als seine Kraft achtest. Du hast kein Recht, über das Leben eines Mitmenschen zu bestimmen. Bekämpfe die gegensätzliche Schöpfung und das lebenszerstörende Leben. Töte kein Tier zu deinem Vergnügen, sondern nur zur Erhaltung und Sicherung deines eigenen Lebens.

7. Schädige keinen Mitmenschen, weder an Leib oder Seele, noch im Ansehen oder an seinem selbst erarbeiteten Gütern. Schädige ihn nicht an seiner Entwicklung, weder in seiner Liebe noch in seiner Freiheit, sondern hilf ihm alle Zeit in allen diesen Dingen, ohne auf Dank zu warten. Doch leiste deinen Beitrag zur Wahrheit und zur Erhaltung aller Einrichtungen, die dein Leben, deine Gesundheit und deine geistige und seelische Entwicklung fördern.

Die Sieben Forderungen

1. Zeuge nicht aus deiner Lust, sondern aus der freiwilligen Opferbereitschaft, einer begnadigten Seele zu einer besseren Einsicht und Selbsterkenntnis zu verhelfen und für sie so lange zu sorgen, bis sie die Selbständigkeit im Denken und Handeln erlangt hat.

2. Achte deine Lebensgefährtin als die verantwortliche Trägerin des göttlichen Willens, des göttlichen Lebens und als die Wegbereiterin der planvollen Zukunft. Ihr Versagen bedeutet die Vernichtung in langsamer, aber unvermeidlicher Folge.

3. Teile nicht die Schätze dieser Erde auf; denn sie sind allen Kreaturen, vor allem aber allen Menschen ohne irgendeinen äußerlichen Unterschied gegeben. Der Stern Erde ist ein Geschenk Gottes an die gesamte Menschheit, die auf diesem Stern lebt und je leben wird.

4. Beneide keinen Mitmenschen, noch eine Gruppe oder ein Volk, noch eine Rasse, noch ein Land, in dem Menschen für sich leben; denn du kannst nicht mit aller Bestimmtheit wissen, ob du jene nicht wegen eines Irrtums beneidest, der noch nicht erkannt worden ist.

5. Wende keine Gewalt an, auch wenn du glaubst, der Stärkere oder der Angegriffene zu sein; denn jede Gewalt ist eine Herausforderung unheimlicher Kräfte, die nicht nur deinen Gegner, sondern auch dich selbst vernichten und die Zukunft deiner Nachkommen erschwert oder unmöglich macht.

6. Bediene dich in allen Schwierigkeiten des Logos und wende dich ab von den Ratschlägen deiner Berater und Feinde, die gleicherweise auf deinen Untergang warten.

7. Traue deinen Sinnen nicht, denn nur deine Seele ist fähig, die allerletzte Entscheidung zu treffen – und dabei hilft dir Gott, und sonst nichts.

Bitte beachten

sie auch

die folgenden Seiten

„Die Blaue Reihe"
Das Vermächtnis des
Medialen Friedenskreises Berlin

Band 1: Jesus Christus

War Jesus Christus die Inkarnation Gottes?
Was hat er bis zu seinem 28. Lebensjahr gemacht?
Ist er für die Menschheit gestorben?
Hat er all unsere Sünden auf sich genommen?
Wahrheiten über die eigentliche Mission der größten Seele,
die je auf diesem Planeten gelebt hat.
(Hrsg.) Fieber, Reinmöller, Richter
ISBN 3-935422-01-6   80 Seiten,   € 10,90

Band 2: Das Sterben

Was geschieht im Augenblick des Todes?
Was geschieht mit den Seelen nach Unfällen, Explosionen oder Selbstmord?
Wie wirkt sich die Trauer der Hinterbliebenen auf das Befinden der 'Verstor-
benen' aus?
Auf Fragen wie diese erhält der Leser leicht verständliche Antworten. Der Tod
stellt hier keine Bedrohung oder gar Bestrafung dar, sondern eine Geburt in
eine feinstofflichere Welt.
 (Hrsg.) Fieber, Reinmöller, Richter
ISBN 3-935422-02-4   160 Seiten,   € 14,90

Band 3: Die Stimme Gottes

Hier teilt uns ein hohes Geistwesen stellvertretend für die göttliche Sphäre mit,
wie die Zu- und Umstände hier auf unserem Planeten von der höchsten Warte
aus beurteilt werden.
Die Politik, die Kirche und die Gesellschaft werden in einer für jeden verständ-
lichen Art unter die Lupe genommen und die Probleme beim Namen genannt.
Auch Lösungsvorschläge fehlen in diesem Buch nicht.
(Hrsg.) Fieber, Reinmöller, Richter
ISBN 3-935422-03-2   64 Seiten,   € 9,90

Band 4: Die Mediale Arbeit

Was ist Medialität?
Welche Voraussetzungen müssen für die mediale Arbeit gegeben sein?
Welche Gefahren gibt es im Verkehr mit der Geisterwelt Gottes?
Dieses Buch klärt auf! Es warnt vor allem vor Leichtsinnigkeit und zeigt, wie man gute und schlechte Kontakte und Medien zu unterscheiden vermag.
(Hrsg.) Fieber, Reinmöller, Richter
ISBN 3-935422-04-0   176 Seiten,   € 15,90

Buch 5: Der Schöpfer - Der Widersacher

Wer oder was ist der Schöpfer?
Warum lässt Gott so viel Leid zu?
Gibt es einen Widersacher?
In diesem Buch finden Sie Erklärungen für den Bereich, für den wir uns laut Bibel kein Bild machen sollen. Trotzdem hat sich die Geistige Welt für uns Forscher und Suchende die Mühe gemacht, Antworten, die für uns verständlich sind, zu finden. Ein Buch der Extra-Klasse auf diesem Forschungsgebiet!
(Hrsg.) Fieber, Reinmöller, Richter
ISBN 3-935422-05-9   176 Seiten,   € 15,90

Band 6: Die Seele - Der Schutzpatron

Was ist eine Seele?
Wie funktioniert das Zusammenspiel von Seele und Körper?
Hat jeder Mensch einen persönlichen Schutzpatron?
Wieder einmal gelingt es der Geistigen Welt, mit einfachen und verständlichen Worten uns Menschen das nahe zu bringen, was immer schon da war: Unsere eigene Seele und unseren Schutzpatron! Freuen Sie sich auf dieses Buch!
(Hrsg.) Fieber, Reinmöller, Richter
ISBN 3-935422-06-7   128 Seiten,   € 12,90

Band 7: Krankheit, Heilung und Gesundheit

Welche Hauptursachen gibt es für Krebs?
Worauf sollte man bei der Ernährung achten?
Gibt es eine geistige Heilung und wie funktioniert sie?
Welche Folgen hat der Genuss von Alkohol und Nikotin für Körper und Seele?
In diesem Buch erhält der Leser wichtige Hinweise auf die Hauptursachen für viele Krankheiten, Tipps für Maßnahmen, die unternommen werden können, um eine Heilung zu unterstützen bzw. um gesund zu bleiben.
(Hrsg.) Fieber, Reinmöller, Richter
ISBN 3-935422-07-5   176 Seiten,   € 15,90

Band 8: Die Santiner

Wo wohnen die Santiner?

Wie leben sie?

In diesem Buch erfahren sie alles über die Santiner, wer sie sind und warum sie sich in den Bereichen unseres Planeten aufhalten. Einige eindringliche Reden von Ashtar Sheran runden dieses Gesamtwerk ab.

Dieses Buch wird Anfang 2004 erscheinen

(Hrsg.) Fieber, Reinmöller, Richter

ISBN 3-935422-08-3

Dazu passend:

Friede über alle Grenzen!

„Nicht von dieser Erde" und weitere 13 Broschüren

Original-Durchgaben aus den Jahren von 1956-1975, übermittelt von Ashtar Sheran im Medialen Friedenskreis Berlin:

„Statt einer einzigen wahren Religionsgemeinschaft gibt es auf eurer Erde mehr als zweihundert. Jede davon ist fanatisch gegen die andere und glaubt, der Wahrheit letzte Schlussfolgerung zu besitzen. Doch der Weisheit allerletzte Schlussfolgerung ist: Ihr habt von Gott und seiner Schöpfung überhaupt keine rechte Ahnung. Was euch an Wahrheit aus außerirdischer Quelle gegeben worden ist, wurde größtenteils vernichtet. Was davon übriggeblieben ist, wurde gefälscht oder arg entstellt. Kein Volk der Terra soll sich einbilden, besser zu sein als das andere. Gut und Böse sind auf alle Völker, auf alle Staaten verteilt. Keine Rasse hat Anspruch auf besondere Anerkennung."

14 Broschüren + mediale Zeichnungen

ISBN 3-935422-00-8   ca. 500 Seiten   € 22,90

Über den Bergkristall Verlag erhalten Sie auch

Gedanken für den Weltfrieden

Ein wunderschönes Buch im Festeinband,
ideal zum Verschenken oder Selbstlesen:

„Frieden ist identisch mit: Höflichkeit, Verständnis, Gerechtigkeit, Hilfsbereitschaft, Ehrlichkeit, Menschenwürde, Geborgenheit, Gewaltverzicht, Nächstenliebe und Gelegenheit zur Höherentwicklung.
Fehlt auch nur ein Teil davon, so handelt es sich um einen gefährlichen Scheinfrieden!"

(Hrsg.) Fieber, Reinmöller, Richter
ISBN 3-935422-49-0
176 Seiten,   € 9,90

Kunstdruck ‚Desiderata'

„Gehe ruhig und gelassen durch Lärm und Hast...", so beginnt das berühmte ‚Desiderata', das in der alten St. Pauls Kirche von Baltimore in Stein gemeißelt ist. Diese auf edelstem Papier vervielfältigte Handarbeit mit großen roten Lettern und schwarz gehaltenen Kleinbuchstaben ist ein ideales Geschenk. Sie erhalten diesen 50cm hohen und 35 cm breiten Druck nur über unseren Verlag.
ISBN 3-935422-45-8   € 19,90

Über den Bergkristall Verlag erhalten Sie auch die anderen Bücher von
Hermann Ilg:

Aus dem Wissen eines neuen Zeitalters
Neben einer interessanten Beschreibung unseres Planetensystems gibt es Antworten der Geistigen Welt zum Seti-Programm, zur Offenbarung des Johan-
nes, zur Dematerialisation und vielen anderen brennenden Themen.
ISBN 3-935422-52-0   108 Seiten,   € 10,90

Leben in universeller Schau
Wie leben die Santiner? Wie sieh es aus auf ihrem Heimatplaneten Metharia
Wie sieht eine Raumstation von innen aus? Auf diese und viele andere Fragen
gibt dieses Buch ausreichend Informationen und zeigt uns Erdenmenschen
unsere Primitivität.
ISBN 3-935422-51-2   128 Seiten,   € 10,90

Kümmert sich eine außerirdische Menschheit um uns?
Diese Broschüre entstand aus einem Vortrag, der 1968 zum ersten Mal gehal-
ten wurde, und hat bis jetzt an Aktualität nichts verloren - im Gegenteil!
ISBN 3-935422-50-4   48 Seiten,   € 4,90

Bewusstsein und Weltbild
Eine kritische Betrachtung an der Schwelle zum Weltraumabenteuer der
Menschheit
ISBN 3-935422-56-3   24 Seiten,   € 3,90

Die Gedankenbrücke
Interessante und ergreifende Berichte zweier Freunde des Verfassers aus dem
Jenseits.
ISBN 3-935422-54-7   92 Seiten,   € 9,90

Strömende Stille
Wunderschöne Gedichte über Gott und seine Schöpfung
ISBN 3-935422-55-5   76 Seiten,   € 7,90

ET in ancient Egypt
Englische Ausgabe des Buches:
„Die Bauten der Außerirdischen in Ägypten".
ISBN 3-935422-57-1   100 Seiten,   € 14,90

Bald eine Neuauflage folgender Bücher:
In Kosmischen Bahnen denken - Am Ende der Zeit –
Wenn die Not am Größten

Neue Bücher von Martin Fieber

Steh endlich auf

Dieser lehrreiche Erfahrungsbericht beschreibt die Abgründe einer spirituellen Abhängigkeit bis ins kleinste Detail: Von den anfänglichen euphorischen Gefühlen über die Hölle der seelischen Schmerzen bis zurück in die Freiheit des normalen Lebens.

Ergänzt wird der Bericht durch einen Leitfaden, der hilft, den Weg zu finden durch den Jahrmarkt der heutigen Esoterik und den Dschungel der dazugehörigen Seminarangebote.

Spannend, ehrlich und wahrhaftig geschrieben: Dieses Aufklärungswerk könnte Leben retten.

Martin Fieber
ISBN 3-935422-47-4
128 Seiten,
€ 14,90

Machu Picchu – Die Stadt des Friedens

Machu Picchu ist nicht nur die beliebteste Touristenattraktion Perus, sondern ganz Südamerikas. Und doch ist Machu Picchu immer noch eines der größten Geheimnisse der Welt. Dieses Buch ist eine spannende Reise zu diesem magischen Ort in den Wolken, in die Vergangenheit Perus, in die Geschichte unseres Planeten und zur eigenen Seele.
Ein kurzweiliger Erfahrungsbericht.
192 Seiten mit 125 farbigen Abbildungen
€ 24.90 ISBN 3-935422-48-2

Poster ,Machu Picchu'

Dieses Poster ist ein Motiv aus obigem Buch und hat die Größe von ca. 50 x 70 cm. Allein nur vom Anschauen des Bildes werden Sie einen Hauch des Friedens erfahren, den dieser wundervolle Ort ausstrahlt.
ISBN 3-935422-46-6   € 9.90